新编学生国学丛书

论语

贾丰臻　选注
刘艺　校订

中国文史出版社

图书在版编目(CIP)数据

论语/贾丰臻选注;刘艺校订.——北京:

中国文史出版社,2019.11

(新编学生国学丛书/缪天绶等主编)

ISBN 978-7-5205-1839-0

Ⅰ.①论… Ⅱ.①贾… ②刘… Ⅲ.①儒家 ②《论语》-注释 Ⅳ.①B222.22

中国版本图书馆CIP数据核字(2019)第278192号

责任编辑:金　硕

出版发行:**中国文史出版社**

社　　址:北京市海淀区西八里庄路69号院　　邮　　编:100142

电　　话:010-81136606　81136602　81136603　81136605(发行部)

传　　真:010-81136655

印　　厂:北京温林源印刷有限公司

经　　销:全国新华书店

开　　本:880mm×1230mm　1/32

印　　张:4.75

字　　数:100千字

版　　次:2020年2月北京第1版

印　　次:2020年2月第1次印刷

定　　价:22.80元

总　　序

冯天瑜

作为汉字古典词，“国学”本谓周朝设于王城及诸侯国都的贵族学校，以与地方性、基层性的“乡校”“私学”相对应。隋唐以降实行科举制，朝廷设“国子监”，又称“国子学”，简称“国学”，有朝廷主持的国家学术之意。

时至近代，随着西学东渐的展开，与来自西洋的“西学”相比配，在汉字文化圈又有特指本国固有学术文化的“国学”一名出现。如江户幕府时期（1601—1867）的日本人，自18世纪起，把流行的学问归为三类：汉学（从中国传入）、兰学（从欧美传入，19世纪扩称洋学）、国学（从《古事记》《日本书纪》发展而来的日本固有学术）。19世纪末、20世纪初，中国留日学生与入日政治流亡者，以及活动于上海等地的学人，采借日本已经沿用百余年的“国学”一名，用指中国固有的学术文化。1902年梁启超（1873—1929）撰文，以“国学”与“外学”对应，强调二者的互动共济，梁氏曰：“今日欲使外学之真精神普及于祖国，则当转输之任者，必邃于国学，然后能收其效。”（《论中国学术思想变迁之大势》）1905年国粹派在上海创办《国粹学报》，公示“发明国学，保存国粹”宗旨。这里的“国学”意为“国粹之学”。该刊发表章太炎（1869—1936）、刘师培（1884—1920）、陈去病（1874—1933）等人的经学、史学、诸子学、文字训诂方面文章，以资激励汉人的民族精神与文化自信。从此，中国人开始在“中国固有学术文化”意义上使用“国学”一词，为“国故之学”的简称。所谓“国故”，指中国传统的学术文化之故实，此前清人多有用例，如魏源（1794—1857）认为，学者不应迷恋词章，学问要从“讨朝章、讨国故始”（《圣武记》卷一一），这“讨国故”的学问，也就是后来所谓之国学。

经清末民初诸学者（章太炎、梁启超、罗振玉、王国维、刘师培、黄侃、陈寅恪等）阐发和研究，国学所涉领域大定为：小学、经学、史学、诸子、文学，约与现代人文学的文、史、哲相当而又加以综汇，突现了中国固有学术整体性特征，可与现代学校的分科教学相得益彰、彼此促进，故自 20 世纪初叶以来，“国学”在中国于起伏跌宕间运行百年，多以偏师出现，而时下又恰逢勃兴之际。

中国学术素有“文、史、哲不分家”的传统，中国学术的优势与缺陷皆与此传统相关。百年来的中国学校教育仿效近代西方学术体制，高度分科化，利弊互见。其利是促进分科之学的发展，其弊是强为分割知识。为克服破碎大道之弊，有人主张打通文、史、哲壁垒，于是便有综汇中国人文学的“国学”之创设，并编纂教材，进于学校教育、家庭教育、社会教育，其先导性教材结集，为 20 世纪 20 年代至 30 年代原商务印书馆由王云五策划并担任主编的《万有文库》之子系《学生国学文库》。所收均为四部重要著作。略举大凡：经部如诗、礼、春秋，史部如史、汉、五代，子部如庄、孟、荀、韩，并皆刊入；文辞则上溯汉、魏，下迄近代，诗歌则陶、谢、李、杜，均有单本，词则多采五代、两宋。丛书凡 60 册，已然囊括了“国学”之精粹。其鲜明之特色是选注者掺入了对原著的体味，经史诸书选辑各篇，以表见其书、其作家之思想精神、文学技术、历史脉络者为准。其无关宏旨者，概从删削、剔抉。选注者中不乏叶圣陶、茅盾、邹韬奋、傅东华这样的学界翘楚。他们对传统国学了然于胸，于选注自然是举重若轻，驾轻就熟。这样一份业经选注者消化、反刍的国学精神食粮自然更便于国学入门者吸收。

这样一套曾在20世纪初在传播传统文化、普及国学知识方面起到重要的作用的丛书即便今天来看也是历久弥新。中国文史出版社因应时势，邀约深谙国学之行家里手于原辑适当删减、合并、校勘，以 30 册 300 余万言，易名《新编学生国学丛书》呈献当今学子。诸书均分段落，作标点，繁难字加注音，以便省览。诸书原均有注释，古籍异释纷如，原已采其较长者，现做适当取舍、增删。诸书较为繁难、多音多义之字，均注现代汉语拼音，以便讽颂。诸书卷首，均有选注者序，述作者生平、本书概要、参考书举要等，凡所以示读者研究门径者，不厌其详，现一仍其旧。

这样一套入门的国学读物，读者苟能熟读而较之，冥默而求之，国学之精要自然神会。

是为序。

校订说明

丛书原名《学生国学文库》，为 20 世纪二三十年代商务印书馆王云五主编《万有文库》之子系，现易名《新编学生国学丛书》，奉献给广大国学爱好者。

原丛书共 60 种，考虑到难易程度、四部平衡、篇幅等因素，在广泛征求专家意见基础上，现删减为 34 种 30 册。

基本保留了原书的篇章结构。因应时势有极少量的删节。

原文部分，均选用通用、权威版本全文校核，参以校订者己见做了必要的校核和改订。为阅读的通顺、便利，未一一标注版本出处。

注释根据原文的结构分别采用段后注、文后注，以便读者省览。原注作了适当增删，基本上保持原文字风格，之乎者也等虚词适当剔除，增删力求通畅、易懂，避免枝蔓。典实、注引做了力所能及的查证，但因才学的有限疏漏可能在所难免。

原书为繁体竖排，现转简体横排。简化按通行规则，但考虑到作为国学读物，普及小学知识亦在情理之中，故而保留了少量通假字、繁体字、异体字，一般都出注说明。或许亦可增加读者的阅读兴趣和扩大知识面。

生僻、多音字作相应注音，原反切、同音、魏妥玛注音，均统一改现代汉语拼音。

国学读物校订．工作浩繁，往往顾此失彼，多有不当处，还望读者指正。

绪　言

一、孔子的事迹

孔子的事迹，传说很多，但是可靠的很少。像《孔子家语》《孔丛子》这类的书，有人说是魏晋时人的伪作，材料虽很丰富，却不可信，现在只有将《史记·孔子世家》作底本。《史记》也有传闻错误的地方，可是比较的可靠些。这里将孔子一生的事迹，排就一简明表如下：

纪年					纪事
周王	鲁公	干支	公元	孔子年	
灵二一	襄二二	庚戌	前五五一	一	十一月庚子,孔子生于鲁昌平乡陬邑。
景十三	昭十	己巳	前五三二	二十	七月,孔子子伯鱼生。
敬三	昭二五	甲申	前五一七	三五	鲁季氏逐昭公,孔子避乱适齐,齐景公欲封以尼谿之田,为晏婴所沮。越二年返鲁。
敬十一	定元	壬辰	前五〇九	四三	鲁季氏强僭,家臣阳虎作乱专政,孔子不仕,退修《诗》《书》《礼》《乐》,弟子弥众。
敬十九	定九	庚子	前五〇一	五一	公山不狃以费畔季氏,召孔子,未往。定公以孔子为中都宰,继为司空,又为大司寇。

纪年					纪事
敬二十	定十	辛丑	前五〇〇	五二	孔子相定公会齐侯于夹谷，齐人归鲁侵地。
敬二二	定十二	癸卯	前四九八	五四	孔子使仲由为季氏宰，堕三都，收其甲兵，孟氏不肯堕成，围之，不克。
敬二三	定十三	甲辰	前四九七	五五	孔子摄行相事，诛少正卯，与闻国政三月，鲁国大治，齐人归女乐以沮之，季桓子受之，郊又不致膰俎于大夫。孔子行，适卫。
敬二四	定十四	乙巳	前四九六	五六	孔子自卫适陈，过匡，匡人以为阳虎而围之。既解，还卫，见卫灵公夫人南子。
敬二五	定十五	丙午	前四九五	五七	孔子去卫适宋，司马桓魋欲杀之，又去适郑，遂至陈，主司城贞子家，居三岁。
敬二七	哀二	戊申	前四九三	五九	孔子自陈反卫，晋赵氏家臣佛肸以中牟畔，召孔子，未往。将西见赵简子，至河而反。卫灵公问陈，不对而行，复如陈。
敬二九	哀四	庚戌	前四九一	六一	孔子在陈思归鲁，寻如蔡。
敬三一	哀六	壬子	前四八九	六三	孔子自蔡如楚，楚昭王使人来聘，而陈蔡大夫发徒围之，绝粮于陈蔡之间。至楚，楚昭王将以书社地封孔子，令尹子西不可，乃止。又反乎卫，卫君辄欲得孔子为政。
敬三六	哀十一	丁巳	前四八四	六八	孔子自卫反鲁，鲁终不能用，乃叙《书》传《礼》删《诗》正《乐》赞《易》，致弟子三千人，身通六艺者，七十有二人。
敬三九	哀十四	庚申	前四八一	七一	孔子前作《春秋》，自鲁隐公元年起，至是年，鲁西狩获麟，遂绝笔。
敬四一	哀十六	壬戌	前四七九	七三	四月己丑，孔子卒，葬鲁城北泗上，弟子皆服心丧三年而去，惟子贡庐墓六年。

其他所应知道的：（一）孔子先世宋公族，六世祖孔父嘉仕为大司马，为太宰华督所杀。（二）嘉被杀，子木金父逃鲁，为一羁旅臣。四传至叔梁纥，为郰邑大夫，于征偪阳城抉门有功，他就是孔子的父亲。（三）孔子生于鲁襄公二十二年，那时为公元纪元前五百五十一年，与印度释迦牟尼生于公元纪元前五百五十七年，希腊苏格拉底生于公元纪元前四百七十三年的时期，相去不远。有人称世界三大哲学家异地同生，确是一件极希罕的事。（四）孔子少时，很贫苦，《史记》说："孔子贫且贱。"孔子自己也说："吾少也贱。"《礼·檀弓》说："孔子少孤。"小时的境遇可想而知。（五）孔子师很多，问礼于老子，学琴于师襄，访乐于苌弘，问官于郯子。韩愈也说：孔子师郯子、苌弘、师襄、老聃，可见孔子的好学。（六）孔子为人师很早，《史记·孔子世家》说："适周，问礼于老子，既反，而弟子益进。"既说益进，可知他自为委吏乘田以后，就开始他的教读生涯。（七）孔子常常周游于外，从三十五岁起，至六十八岁止，中间只有十余年在鲁国。最难得的，他一面游历，一面仍不废学；并且在艰难困苦时候，依然师弟相聚，弦欢之声不辍；这一点，真令人望尘勿及。有人说他游历的地方，并不见广，所谓周、齐、卫、陈、楚、叶、宋、曹、郑等，始终没出现在的山东河南两省；话虽不错，也是从前中国的疆域，没有现在广大的缘故。（八）孔子著书的时间，前后算起来，差不多有十余年。据《史记·孔子世家》，四十三岁至五十岁，是修《诗》《书》《礼》《乐》的时期，六十九岁至七十三岁，是叙《书》传《礼》删《诗》正《乐》赞《易》的时期。（九）孔子死后，弟子庐墓及鲁人相从以居的百多家，因此名为孔里。鲁国岁时去祭祀，汉朝以后，祀孔更成为大典了。

二、孔子的著作

孔子一生的大著作，就是六经，但是《诗》《书》是删的，《礼》《乐》是定的，《周易》是赞的，《春秋》是修的，都不是孔子的创作；他尝自诩“述而不作”，《中庸》也称他“祖述尧舜，宪章文武”，可见孔子的著作，只是把旧有的材料整理一番罢了。不过这整理的工作，非有绝大的才学，绝大的识见，万万不能着手。换句话说，就只孔子有这样的本领。而孔子天纵圣智，竟后无来者，又好像尧舜以来的大经大法，专生孔子做一个结束一般，因此孔子可称为集大成；几千年来，推崇孔子的，都是这样说。

三、《论语》的考证

孔子的言论志行，只《孝经》《论语》两书中最为著明；这里不谈《孝经》，专述《论语》。

汉志说：“《论语》者，孔子应答弟子时人及弟子相与言而接闻于夫子之语也。当时弟子，各有所记，夫子既卒，门人相与辑而论纂，故谓之‘论语’。”宋程颐说：“《论语》之书，成于有子、曾子之门人，故其书独二子以子称。”这话一点不错，试看书中记别的弟子像德行四科颜渊、闵子骞辈，都直呼他的名字，何以独对于不列四科之有若、曾参，而专称他为子？而且第一、第三章是记孔子的话，第二章就是记有子的话，第四章就是记曾子的话；而且《学而》第一篇中记有子话见三处，记曾子的话见两处；即此可知此书的来源了。

《论语》有三种：一种是《鲁论》，有二十篇；一种是《齐论》，比《鲁论》多《问王》《知道》二篇，而相同的二十篇中，章句亦比《鲁论》为多；一种是《古论》，鲁恭王在孔子旧宅壁中所得，为蝌蚪文字，分章与其他两论又是不同，篇次尤为杂乱。现在一般人所讲读的，就是《鲁论》。至于各论，何以名为《论语》，可将皇侃《论语义疏叙》所讲摘下一部分来参考。皇侃说："……于是弟子佥陈往训，各记旧闻，撰为此书，成而实录，上则尊仰圣师，下则垂轨万代，既方为世典，不可无名；然名书之法，必据体以立称，犹如以孝为体者，则谓之《孝经》，以庄敬为体者，则谓之为《礼记》，然此书之体，适会多途，皆夫子平生应机作教，事无常准，或与时君抗厉，或共弟子抑扬，或自显示物，或混迹齐凡，问同答异，言近意深，《诗》《书》互错综，《典诰》相纷纭，义既不定于一方，名故难求乎诸类，因题'论语'两字，以为此书之名也。但先儒后学，解说不同，凡通此论字，大判有三途：第一舍字从音，呼之为伦；一舍音依字而号曰论；一云伦论二称，义无异也。第一舍字从音为伦说者，乃众的可见者，不出四家：一云：‘伦者，次也。言此书事义相生，首末相次也。’二云：‘伦者，理也，言此书之中，蕴含万理也。’三云：‘伦者，纶也，言此书经纶万古也。’四云：‘伦者，轮也。言此书义旨周备，圆转无穷，如车之轮也。’第二舍音依字为论者，言‘此书出自门徒，必先详论，人人佥允，然后乃记，记必已论，故曰论也。’第三云：‘伦论无异者，盖是楚夏音殊，南北语异耳，南人呼伦事为论事，北士呼论事为伦事，音字虽不同而义趣犹一也。’侃案三途之说，皆有道理，但南北语异如何，似未详师说，不取，今亦舍之，而从音依字二途并录，以会成一义。何者？今字作论者，明此书之出，不专一人，妙通深远，非论不畅；而音作伦者，明此书义含妙理，经纶今古，自首臻末，轮环不穷；依字则证事立文，取音则据理为义，义文两立，理事双该，圆通之教，如或应示。故蔡公谓此书为圆通之喻云：‘物有大而不普小而兼通者，譬如巨镜百寻，所照必偏，明珠一寸，鉴包六合。’以蔡公斯喻，故言‘《论语》小而圆通，有如明珠，诸典大而偏用，譬若巨镜。’诚哉是言也！语者，论难答述之理也，《毛诗传》云：‘直言曰言，论难曰语。’郑注《周礼》云：‘发端曰言，答述为语。’今案此书，既是论难答述之事，宜以语为其名，故名为论语也。然此语是孔子在时所说，而论是孔子没后方论，论在语后应曰语论。而今不曰语论，而云论语者，其义有二：一则恐后有穿凿之嫌，故以语在论下，急标论在上，示非率尔故也；二则欲现此语，非徒然之说，万代之绳准，所以先论已，以备有圆周之理，理在于事前，故以论居语先也。”

《论语》记孔子的言行，大略已备，实儒家的秘要，道义的准的。太史公作《孔子世家》，大都取材于《论语》。苏轼曾经说：“尝读《孔子世家》，观其言语文章，循循然莫不有规矩，不敢放言高论，言必称先王，然后知圣人忧天下之深也。茫乎不知其畔岸而非远也，浩乎不知其津涯而非深也，其所言者，匹夫匹妇之所共知而所行者，圣人有所不能尽也，呜呼，是亦足矣！”此虽称赞《孔子世家》，实是称赞《论语》。

四、本篇的内容

本编所选，有必须说明者三点：（一）取文义之明白易晓的。譬如“礼之用和为贵”一章，无论怎样教法，现在一般青年，总不能彻底了解；譬如“申申如也，夭夭如也，侃侃如也，誾誾如也，踧踖如也，与与如也，襜如也，翼如也……”等特别形容辞，很难讲得清楚；还有“色斯举矣，翔而后集”的一章，既是重要，又很有趣，但是怎样解释才合，朱熹也疑有阙文，凡属此类，一概删去。（二）取其合于现代思潮的。像“麻冕礼也”章，“民可使由之”章，惟“女子与小人”章……不特不能因时制宜，且易引起误会，都不录取。（三）取其易于实行的。孔子的言行，充实光辉，大而能化，常常在平淡无奇中显露出来。吾人读释迦、基督、墨子诸哲人的传记，总觉得有些做不到，独是孔子的庸言庸行，不出人类生活之范围，因此本编选材，也注重此点。

原书篇目，分学而、为政……等二十篇，本编为便于一般青年个人参考和研究起见，依类区分，编为八篇，分述如下：

（一）教学篇　孔子最重学问，原书第一章，就说“学而时习之，不亦说乎”。他为学不求人知，因此接着说“人不知，而不愠”，“不患莫己知”，“不患人不己知”等。他为学是进行不已的，因此说，“学如不及，犹恐失之”，“逝者如斯，不舍昼夜”，“平地虽覆一篑，进，吾往也”，“吾见其进未见其止”等。孔子教人的方法，亦大有研究的价值，“温故知新”，是教师的预备功夫；“可以语上，不可以语上”，是学生的程度研究；“不愤不启，不悱不发”等，合于现在的三段及五段教学法；“无行不与”，“予欲无言”，是自动主义的教育；“求也退，故进之，由也兼人，故退之”，是因材施教的方法；“有教无类”，是普及教育；“譬诸草木，区以别矣”，是分级教授。教学是孔门的重要功夫，《论语》的主要部分，因此列为首篇。

（二）伦纪篇　忠孝信义，是我国固有的美德，不能因新文化侵入而把它废弃了，孙中山先生讲三民主义，也说是应当保存；《论语》对于伦纪一层，很是注重，因此本编把它列在第二篇。孔子讲孝道，各各不同：对孟懿子问孝，是矫正三家僭礼的论调。对孟武伯问孝，是警戒纨袴子弟纵欲违生的口吻；对子游子夏问孝，是说士的孝道；“父母在不远游”章，和《陟岵》诗有甚分别？“父母之年不可不知”章，和《蓼莪》诗有甚分别？“四海之内，皆兄弟也”，这话何等伟大！“君君臣臣，父父子子”，这话何等平允！至于善交久敬，忠告善道，益损三友等语，好像对一般青年的滥交不善交加以警戒；最痛快的是“鄙夫”一章，将那些患得患失之徒，说得十分透彻。

（三）仁篇　仁从二人，就是说凡两人以上，一切交际，总要发生仁字的关系。孔门的大道，就是一个仁字，本编故而排作第三篇。孔子答弟子问仁，因材施教：颜渊有志为邦，就答他“克己复礼，天下归仁”；仲弓可使南面，就答他“出门如见大宾，使民如承大祭”；司马牛多言而躁，就答他“仁者其言也讱”；子贡悦不若己者，就答他“事其大夫之贤者，友其士之仁者”。仁之道大，为之也难，子文之忠，陈文子之清，不得谓仁；子路之治赋，冉求之为宰，公西华之应对宾客，不得谓仁。然而他方面又若甚易，如“有能一日用力于仁乎，我未见力不足者”，“能近取譬，可谓仁之方”，“我欲仁，斯仁至矣”等话是。仁者杀身成仁，如夷齐饿死首阳，称为求仁得仁；然而管仲不死子纠，可称其仁，微子箕子比干，行各不同，亦都称为仁。说仁的话头，千变万化，全在学者自己去理会；大抵孝弟为仁之本，忠恕为仁之实。

（四）德行道艺篇　本编立德行道艺篇，凡是忠信笃敬……等，关于道德上的训言，都归并在内。孔子所讲的道德，概括说，就是仁字，分析说，就是忠信、忠恕、质直、中庸……等。忠信除曾子的“为人谋与朋友交”外，如“忠信笃敬，可行蛮貊之邦”，“言必信，行必果”，“人而无信，不知其可”，“正颜色，斯近信”等是。忠恕除曾子说“夫子之道忠恕而已”外，如“己所不欲，勿施于人”，“我不欲人之加诸我，我亦无加诸人”等是。质直除“质直而好义”外，如“孰谓微生高直”，“人之生也直”，“吾党之直者，异于是”，“直哉史鱼，邦有道如矢，邦无道如矢”，“直道而事人，焉往而不三黜”等是。中庸除“中庸之为德也，其至矣乎”外，《论语》全书所讲，都是中庸之道：譬如孔子最注重的是学，因为学能变化气质，所以说“好仁不好学，其蔽也愚，好知不好学，其蔽也荡……”等话，就是中的解释；孔子最讲究的是礼，因为礼能调和心身，所以说“恭而无礼则劳，慎而无礼则葸……”等话，这也是中的解释；他若“文质彬彬，然后君子”，“以直报怨，以德报德”，“由求之一进一退”，“师商之过犹不及”，“狂简之斐然成章，不知所裁”，“知廉勇艺之文以礼乐可为成人”等话无一不是中的解释。所以孔子称为时中之圣。此外关于道德方面的，如“朝闻道，夕死可”，“德不孤，必有邻”，“谁能出不由户，何莫由斯道”，“道不同，不相为谋”，“乡愿德之贼”，“虽小道，必有可观”，“大德不逾闲，小德可出入”等话，都是很重要的。而“天下有道则见，无道则隐”，“邦有道，贫且贱焉，耻也。邦无道，富且贵焉，耻也”，“邦有道穀，邦无道穀，耻也”，“邦有道，危言危行，邦无道，危行言孙”，“邦有道则仕，邦无道则卷而怀之”等话及孔子“微服过宋”，“接淅去齐”等事，都可作吾人处世立身的影照。

（五）德治篇　孔子与有谈政治问题，亦往往因人而施：如鲁国政在三家，孔子告哀公“举直错诸枉则民服，举枉错诸直则民不服”。季氏僭窃专政，孔子告以“政者，正也，子帅以正，孰敢不正”，“苟子之不欲，虽赏之不窃”，“子为政焉用杀，子欲善而民善矣”等话。叶地小民贰，孔子告叶公以“近者悦远者来”。子路勇于任事，不能持久，孔子告以“无倦”。子夏笃信谨守，规模狭隘，孔子告以“无欲速，无见小利”。仲弓有人君之度，孔子告以“先有司，赦小过，举贤才”。颜渊有王佐才，孔子告以“行夏之时，乘殷之辂，服周之冕，乐则韶舞。”孔子以为德治最盛的时代，莫如陶唐虞夏，因此于尧舜禹，很是称许。德治的反面为法治，是孔子所反对的，因此有“道政齐刑民免无耻”，“听讼犹人必使无讼”等话。孔子爱和平，因此说“善人为邦百年可以胜残去杀”。孔子恶聚敛，因此说“有国家者，不患寡而患不均，不患贫而患不安”。种种说法，总不脱“为政以德”“道之以德”的口气。

（六）情文篇　情文相生谓之礼；礼与乐相关联，诗与乐相关联，丧祭射御等，与礼相关联，都为情文二字所包含，所以叫做情文篇。——这两字并非指感情作用，及繁文缛节说，切莫看错！——“人而不仁，如礼乐何”，“礼与奢，宁俭，丧与易，宁戚”，“为礼不敬，临丧不哀，吾何以观”，“先进于礼乐为野人，后进于礼乐为君子”，“礼云礼云，玉帛云乎哉，乐云乐云，钟鼓云乎哉”，“诗三百，一言以蔽之曰思无邪”，“诵诗三百，授之以政，不达使于四方，不能专对，虽多奚以为”，“诗可以兴观群怨，迩之事父，远之事君”等话，都属于情文。孔子最反对非礼之事，所以说“非鬼而祭为谄”，“获罪于天无所祷”，“为国以礼让”等话，及不忍季氏之舞八佾，责季氏旅泰山。当时棘子成辈，反对周末文胜，孔子主张的，偏是“文质彬彬”。老墨诸子，反对儒家所重视的礼乐丧祭，孔子所主张的，偏是礼乐之本。

（七）观人篇　孔子说：“视其所以，观其所由，察其所安，人焉廋哉。”又说：“吾之于人也，谁毁谁誉，如有所誉者，其有所试矣。”这就是孔子观人的方法，所以叫做观人篇。篇中所传述的，不但时人和门弟子，还有一种普通称谓的君子小人，如“君子周而不比，小人比而不周”，“君子和而不同，小人同而不和”，“君子泰而不骄，小人骄而不泰”，“君子喻于义，小人喻于利”，君子小人种种相反的论调；究竟君子小人，怎样分别，只要从相反的方面去观察，去论断，便可不爽秋毫。如地位的相反，人品的相反，做事的相反是。朱注，君子为有德位之通称，那么，就可以知小人为无德位之通称了；又说君子谓在上之人，那么就可知小人是细民了。但是书中哪一章是指在上之君子，哪一章是指有德位之君子，哪一章是指细民的小人，哪一章是指无德位之小人，全要自己去体会；譬如读到“君子贤其贤而亲其亲，小人乐其乐而利其利”句，就应当知道是说有位无位者的，读到“君子喻于义，小人喻于利”，“君子怀德，小人怀土”，“女为君子儒，毋为小人儒”等句，就应当知道是说有德位无德位者。还有单称君子，或单称小人的去处，那就读书时格外要注意。如“君子笃于亲，则民兴于仁”，“君子之道，本诸身，征诸庶民”，“君子战必胜”等句，就是指有位者说，如“君子不重则不威，学则不固”，“君子食无求饱，居无求安”，“君子耻其言而过其行”，“君子有三戒”“君子有三畏”“君子有九思”“君子之过，如日月之食”等句，就是指有德者说，如“小人哉樊须”句，就是指无位者说，如“小人之过必文”句，就是指无德者说。有人说：“君子这名词，和英语的 Gentleman 最相类。”这话虽似有理，但英语用此名词的去处很多，或且成了男子的通称，那就不能代表孔子所称的君子了。

（八）孔子言行篇　读这册书，应知孔子是好学的，如“吾十有五而志于学”，“述而不作，信而好古”，“加我数年，五十学易，可以无大过”，“我非生而知之者，好古敏以求之者”，“其为人也，发愤忘食，乐以忘忧，不知老之将至”等语是。应知孔子是谦逊的，如“默而识之，学而不厌，诲人不倦，何有于我”，“德不修，学不讲，闻义不能徙，不善不能改，是吾忧也”，“丘也幸，苟有过，人必知之”，“若圣与仁，则吾岂敢”，“吾少也贱，故多能，君子不多也”，“吾无知也”等语是。应知孔子是乐天知命的，如“富而可求，虽执鞭之士，吾亦为之，如不可求，从吾所好”，“饭疏食饮水曲肱而枕之，乐在其中，不义而富且贵如浮云”，“天生德于予，桓魋其如予何”，“天之未丧斯文也，匡人其如予何”，“君子固穷”，“不怨天，不尤人，下学而上达”等语是。应知孔子是以天下为己任的，所以说：“苟有用我者，期月已可，三年有成”，“如有用我者，吾其为东周”，“吾岂瓠瓜也哉，焉能系而不食”等话；又晨门说：“是知其不可而为之者与”，荷蒉说：“莫己知也，斯已而已矣”，接舆说：“凤兮凤兮，何德之衰”，长沮说：“是知津矣”，桀溺说：“滔滔者天下皆是也，谁以易之”，丈人说：“四体不勤，五谷不分”等语。应知孔子是大教育家，除前教育篇所述外，又如“叩鄙夫两端而竭焉”，“循循然善诱人”是。应知孔子是大卫生家，如“食饐而餲，鱼馁肉败不食，色恶不食，臭恶不食，失饪不食，不时不食，沽酒市脯不食，不多食，食不语，寝不言”等是。

本书的注解，一半是依据清刘宝楠的《论语正义》，一半是依据魏何晏的《论语集解》，梁皇侃的《论语义疏》，宋朱熹的《论语集注》，他们为着要发挥义理文法方面，常不免有繁冗复杂之处，本编删繁就简，务使易于了解。为力求明显起见，有时也参用己意，如有不当，还求名家指教！

贾丰臻

1926年12月30日

目　录

教学篇

子曰："学而时习之①，不亦说②乎？有朋自远方来③，不亦乐④乎？人不知而不愠⑤，不亦君子⑥乎？"

---

①学：效也，觉也，后觉效先觉也。时习：时时温习也。
②说（yuè）：心中喜悦也。　③自：从也；朋：同类也。
④乐（lè）：说在心，乐则见乎外也。　⑤愠：含怒意。
⑥君子：成德之名；不求知者，为君子也。

子夏①曰："贤贤易色②；事父母，能竭③其力，事君，能致其身④；与朋友交，言而有信。虽曰'未学'，吾必谓之'学'矣。"

---

①子夏：孔子弟子，姓卜，名商。　②贤贤易色者，贤人之贤，而易其好色之心也。　③竭：尽也。　④致其身：委致其身，谓不有其身也。

子曰："君子食无求饱，居无求安①，敏于事而慎于言，就有道而正焉②，可谓'好③学'也已。"

---

①不求安饱，好学而不暇及也。　②就有道者，正其所学之是非也。　③好：去声。

子曰："不患人之不已知①，患不知人也②。"

---

①此与人不知而不愠意略同。　②不知人则不能辨是非邪正，诚可患也。

子曰："温故而知新，可以为师矣①。"

---

①故者，旧所闻；新者，今所得，温故而知新，自可为人师。

子曰："学而不思则罔①，思而不学则殆②。"

---

①罔：昏也。　②殆（dài）：危也。

子曰："由①！诲女②知之乎？知之为知之，不知为不知，是知也③。"

---

①由：孔子弟子，姓仲，字子路。　②女：同"汝"。③盖有强不知以为知者，故夫子告之。如此。

子曰："不患无位，患所以立①。不患莫己知，求为可知②也。"

---

①所以立：所以立乎其位之德。　②可知：可以见知之实。

子路有闻，未之能行，唯恐有闻①。

---

①前所闻未及行，故恐后有闻，不得并行也。

子在陈，曰："归与！归与①！吾党之小子②，狂简③，斐然成章④，不知所以裁之⑤。"

---

①与：同"欤"。此孔子道不行而思归之叹也。　②吾党小子，指门人在鲁者。　③狂简：志大而略于事。　④斐：文貌。成章：言其文理成就。　⑤裁：割正也。言门人小子不自知如何割正也。

子曰："十室之邑①，必有忠信②如丘者焉，不如丘之好学也③。"

---

①十室之邑：小邑。　②忠信：美质也。　③勉以好学，见质不可恃。

哀公①问："弟子孰为好学？"孔子对曰："有颜回者②好学，不迁怒③，不贰过④，不幸短命死矣⑤！今也则亡⑥，未闻好学者也。"

---

①哀公：鲁君，名蒋。　②颜回：字子渊。　③迁怒：移怒也，谓怒于甲者移于乙。　④贰过：复过也，谓已犯之过，又重犯之。二者皆无之，此颜子克己之功。　⑤颜子三十一卒，故曰短命。　⑥亡：同"无"。

子曰："知之者不如好之者；好之者不如乐之者。"①

---

①此章与学而时习不亦说乎之意同。

子曰："中人以上，可以语上也；中人以下，不可以语上也。"①

---

①语：去声。中人以上，近于上智，中人以下，近于下愚，上智可以语上，下愚不可以语上。

子曰："不愤不启①，不悱不发②。举一隅不以三隅反，则不复也③。"

---

①愤：生气，烦闷。启：开也。　②悱（fěi）：嗫嚅也。

发：达也。　③物之有四隅者，举一可知其三。反：还证也。复：再告也。

子曰："二三子以我为隐乎？吾无隐乎尔。吾无行而不与①二三子者，是丘也。"②

---

①与：上声，犹示也。　②弟子以夫子之道，高深不可企及，疑其有隐，不知圣人作止语默，无非教也，故夫子晓之。

子以四教：文，行，忠，信①。

---

①文：谓《诗》《书》《礼》《乐》。行：去声，谓躬行。此教成人之法，与教弟子先行后学文不同。

曾子①曰："以能问于不能，以多问于寡；有若无，实若虚，犯而不校②，昔者吾友尝从事于斯矣③。"

---

①曾子：孔子弟子，名参，字子舆。　②校（jiào）：计较也。　③友：颜渊。此颜子不违仁之学。

子曰："三年学，不至于榖①，不易得也。"②

---

①榖：禄也。　②为学三年，志不在禄，不易得也。

子曰："学如不及①，犹恐失之②。"

①如不及者，已及也，已及如不及，则常及。　②犹恐失者，未失也，未失恐失，则勿失。

子在川上，曰："逝者①如斯夫！不舍②昼夜！"③

①逝：往也。　②不舍：不止也。　③君子为学，自强不息，有如川流。

子曰："譬如为山，未成一篑①，止，吾止也。譬如平地，虽覆一篑，进，吾往也②。"

①篑（kuì）：盛土竹器。言未成为山，只差一篑之土。②学者中道而发，则前功尽去，自强不息，则积少成多，进止在我而已。

子曰："语之而不惰①者，其回也与。"

①惰：懈怠也。

子谓①颜渊曰："惜乎！吾见其进也，未见其止也！"②

---

①谓：称说也。　　②此颜子死后，孔子惜之之言。

子曰："苗而不秀者有矣夫①！秀而不实②者有矣夫！"③

---

①穀始生曰苗；吐穀曰秀。　　②成穀曰实。　　③人不学，学不成，犹如是也。或谓此章与上章相通，系惜颜子之早死。

子曰："后生①可畏，焉知②来者之不如今也；四十、五十而无闻焉③，斯亦不足畏也已。"④

---

①后生：谓年少也。　　②焉知：安知也。　　③闻：去声，声名也。　　④后生能积学，实为可畏，安知其未来不如我之今日乎，然或不能自勉，至老无闻，则不足畏矣。

子路问："闻斯行诸？"子曰："有父兄在，如之何其闻斯行之！"

冉有①问："闻斯行诸？"子曰："闻斯行之。"

公西华②曰："由也问闻斯行诸？"子曰：'有父兄在'；求也问闻斯行诸，子曰：'闻斯行之'，赤也惑，敢问？"子曰："求也退，故进之；由也兼人③，故退之。"④

---

①冉有：名求，孔子弟子。　　②公西华：名赤，亦孔子弟

子。　③兼人：胜人也。　④冉人性谦退，子路务胜人，夫子各因其失而正之，即因材施教，归于中道之法也。

子路使子羔为费宰①。

子曰："贼夫人之子！"②

子路曰："有民人焉，有社稷焉③，何必读书，然后为学！"④

子曰："是故恶夫佞者。"⑤

---

①子羔：孔子弟子，姓高，名柴。时子路适为季氏宰而举之也。费（bì）：春秋鲁邑，今山东费县。　②贼：害也。夫：有所指之辞。言子羔质美未学，遽使治民，适以害之。　③社：土神；稷：穀神，建国者筑坛以事之。　④子路之意，治民事神即为学。　⑤恶：去声。佞：口才也。子路之言，非其本意，故孔子不斥其非，特恶其佞。

子曰："不得中行①而与之，必也狂狷乎②！狂者进取，狷者有所不为也。"③

---

①中行：中道也。　②狂者，志极高而行不掩；狷者，志未及而守有余。　③圣人既不得中道之人而与之，故思其次，盖截狂者之长，补狷者之短，即进于中道也。

子曰："不患人之不己知，患其不能也。"①

---

①不怕别人不知道我，只着急自己没有能力。

子曰："君子病①无能焉，不病人之不己知也。"②

---

①病：内疚也。　　②此与上章意同。

子曰："君子疾没世而名不称焉。"①

---

①君子学以为己，不求人知，然至没世而名不称，则无为善之实可知，故疾之也。

子曰："吾尝终日不食，终夜不寝，以思，无益，不如学也。"①

---

①思而不学则殆，此章夫子特为思而不学者言之。

子曰："有教无类。"①

---

①圣人因材施教，不论其品类之高下。

孔子曰："生而知之者，上也；学而知之者，次也；困而学之，又其次也；困而不学，民斯为下矣①。”

①民斯为下：即下愚也，所谓中人以下也，生知，学知，困知，及其知之一也，惟下愚则不可教矣。

子曰：“由也，女闻六言六蔽①矣乎？”对曰：“未也。”

“居！吾语女②！好仁不好学，其蔽也愚；好知不好学，其蔽也荡；好信不好学，其蔽也贼；好直不好学，其蔽也绞；好勇不好学，其蔽也乱；好刚不好学，其蔽也狂。”③

①蔽：遮掩也。 ②居：坐也。子路起而对，孔子使之坐而告之。 ③六言皆美德，然徒好之而不学以明其理，则各有所蔽，子路好勇，其失在不好学，故夫子告之，曰勇，曰刚，曰信，曰直，皆所以救其偏也。此章当与“勇而无礼则乱，直而无礼则绞”句参看。

子曰：“予欲无言①。”子贡②曰：“子如不言，则小子何述③焉？”子曰：“天何言哉！四时行焉，百物生焉，天何言哉！”④

①孔子忿世不用其言，言之为益少，故欲无言。 ②子贡：孔子弟子，姓端木，名赐。 ③述：传述也。 ④天不言以行

与事示之，圣人则天行化，焉用此谆谆然哉？

子夏曰："日知其所亡①，月无忘其所能②，可谓好学也已矣。"

---

①亡：同"无"。日知所亡，知新也。　②月无忘所能，温故也。

子夏曰："博学而笃志，切问而近思，仁在其中矣。"①

---

①《中庸》以博学审问慎思明辨笃行为择善固执之功，即所谓诚，即所以行仁也，故曰仁在其中。

子夏曰："百工居肆①以成其事，君子学以致②其道。"③

---

①肆：工艺造作之处也。　②致：极也。　③工不居肆，则其业不精，君子不学，则其道无成。

子游①曰："子夏之门人小子，当洒扫应对进退，则可矣，抑末也②。本③之则无，如之何？"

子夏闻之，曰："噫④！言游过矣！君子之道，孰先传焉？孰后倦焉⑤？譬诸草木，区⑥以别矣。君子之道，焉可诬也？有始有卒者，其惟圣人乎！"⑦

①子游：孔子弟子，姓言，名偃。　②末：谓小学威仪容节之事。　③本：谓《大学》正心诚意之事。　④噫：心不平声。　⑤倦：如诲人不倦之倦。　⑥区：犹类也。　⑦言君子之道，谁当为先而传之，谁当为后而倦教，但弟子学有浅深，如草木之有大小类别，若概以高远者强人以难能，是诬之也，若夫终始如一，惟圣人耳，未可责之门人小子也。

子夏曰："仕而优则学①，学而优则仕②。"

①优：有余力也。仕而优则学：即行有余力则以学文也。②学而优则仕：即学而后入政也。

伦纪篇

有子[①]曰："其为人也孝悌[②]，而好犯上[③]者，鲜矣[④]；不好犯上，而好作乱[⑤]者，未之有也[⑥]。君子务本[⑦]，本立而道生。孝弟也者，其为仁[⑧]之本与！"[⑨]

①有子：孔子弟子，名若。　②善事父母为孝；善事兄长为悌。　③犯上：谓干犯在上之人。　④鲜：少也。　⑤作乱：悖逆争斗之事。　⑥言人能孝弟，则其心和顺，必不犯上，以至于作乱也。　⑦务：专力也。本：犹根也。　⑧仁者，爱之理，心之德也。　⑨言君子凡事用力于根本，孝弟乃为仁之本也。

子曰："弟子入则孝，出则悌，谨而信[①]，泛爱众，而亲仁[②]。行有余力，则以学文[③]。"

①谨：犹慎也。信：实也。谨于事而信于言也。　②泛：广也。亲：近也。爱众亲仁，即尊贤容众之谓也。　③文者，古之遗文。若行事已毕，而犹有余力，则以之学遗文。

子曰："父在观其志，父没观其行[①]，三年无改于父之道②，可谓孝矣。”

---

①父在：子不得自专，故观其志而已，父没乃观其行也。行，去声。　②三年无改父道者，即孝子在丧哀慕，犹若父在，无所改于父之道也。

孟懿子①问孝。子曰：“无违②。”

樊迟御③，子告之曰：“孟孙④问孝于我，我对曰‘无违’。”⑤樊迟曰：“何谓也？”子曰：“生，事之以礼；死，葬之以礼，祭之以礼。”⑥

---

①孟懿子：鲁大夫，仲孙氏，名何忌。　②无违：谓无违逆也。　③樊迟：孔子弟子，名须。御：为孔子御车也。　④孟孙：即懿子。　⑤子欲使为孟孙解无违之旨，故告之。　⑥生事葬祭，事亲之始终具矣，是时三家僭侈违礼，故夫子以为答。

孟武伯①问孝，子曰：“父母唯其疾之忧。”②

---

①武伯：懿子之子，名彘。　②言孝子不妄为非，唯疾病然后使父母忧，故人子以守身为大；一说人子以忧父母疾为孝，亦通。

子游问孝，子曰：“今之孝者，是谓‘能养’①，至于犬马，皆能有养②，不敬，何以别乎？”

---

①养：供养也。　②犬以守御，马以代劳，皆养人者。

子夏问孝，子曰：“色难①。有事，弟子服其劳；有酒食②，先生馔③，曾④是以为孝乎？”⑤

---

①色难：谓承望父母颜色，乃为难也。　②食（cì）：饭也。　③先生：父兄也。馔：饮食之也。　④曾（céng）：犹尝也。　⑤言服劳奉养，未足为孝，承顺父母颜色，乃为孝耳。

或谓孔子曰：“子奚不为政？”

子曰：“《书》云：‘孝乎惟孝，友于兄弟，施于有政。’①是亦为政，奚其为为政？”

---

①此引《书·君陈》篇大旨。孝乎惟孝：美孝之辞也。友于兄弟：善于兄弟也。施：行也。

子曰：“事君尽礼，人以为谄也。”①

---

①时事君多无礼，故以尽礼为谄。

定公①问："君使臣，臣事君，如之何？"孔子对曰："君使臣以礼，臣事君以忠。"②

---

①定公：鲁君，名宋。　②孔子所对，具有深意，定公为太阿倒持之君，故欲防之以礼，三家为尾大不掉之臣，故欲教之以忠。

子曰："事父母几谏①，见志不从，又敬不违②，劳而不怨③。"

---

①几：平声，犹微也。几谏：《礼·内则》所谓"下气怡色，柔声以谏"也。　②见父母之志有不从，又当恭敬不敢违父母意。　③劳：忧也，《诗》所谓"劳心忉忉"是也。父母不从己谏，惟忧而不怨也。

子曰："父母在，不远游；游必有方①。"

---

①必有方者，欲亲知己之所在也。《礼·曲礼》："所游必有常。"又《玉藻》："亲老，出不易方。"

子曰："父母之年，不可不知也。一则以喜①，一则以惧②。"

---

①见其寿考则喜。　②见其衰老则惧。

子游曰："事君数[①]，斯辱矣。朋友数，斯疏矣。"[②]

---

①数（shuò）：密，层层。　②事君谏不行，则当去，导友善不纳，则当正，至烦数，则言谆听藐，是求荣反辱，求亲反疏也。

子曰："晏平仲[①]善与人交，久而敬之[②]。"

---

①晏平仲：齐大夫，名婴。　②人交久则敬衰，久而能敬，故善。

曾子曰："可以托六尺之孤[①]；可以寄百里之命[②]；临大节而不可夺也[③]。君子人与？君子人也！"

---

①六尺之孤：谓幼君也。　②寄百里之命：谓摄国政也。③临大节：谓安国家定社稷也。夺：倾夺也。

子曰："孝哉，闵子骞[①]！人不间于其父母昆弟之言。"[②]

---

①闵子骞：孔子弟子，名损。　②言子骞上事父母，下顺兄弟，动静尽善，故人不得有非间之言也。闵子骞父，以其后妻不善

遇骞，欲出之，骞曰："母在一子寒，母去三子单。"父默然感之，后母及弟，亦均感善。见《说苑》。

季子然问①："仲由、冉求，可谓大臣与？"

子曰："吾以子为异②之问，曾③由与求之问。所谓大臣者，以道事君，不可则止④。今由与求也，可谓具臣矣⑤。"

曰："然则从之者与？"⑥子曰："弑父与君，亦不从也。"⑦

---

①子然：季氏之子弟也。　②异：非常也。　③曾：读如"层"，犹乃也。　④言事君当以正道，君有过则以道谏正之，谏而不从，则去。　⑤具臣：谓备臣数而已。　⑥谓能从季氏之所为否？　⑦言由求虽从其主，亦不与为大逆。此语乃阴抑季氏不臣之心。

司马牛①忧曰："人皆有兄弟，我独亡！"②

子夏曰："商闻之矣③：'死生有命，富贵在天。'④君子敬而无失，与人恭而有礼。四海之内皆兄弟也⑤，君子何患乎无兄弟也！"⑥

---

①司马牛：孔子弟子，名犁，宋大夫向魋之弟。　②魋为乱臣，牛忧及难，故言如此。　③盖闻诸夫子。　④莫之致而致者命，莫之为而为者天，君子但当顺受而已。　⑤既顺天命，又

当修己，苟能持己以敬而无失，接人以恭而有礼，则四海之内皆爱敬之如兄弟矣。　⑥子夏此言，欲以宽牛之忧也。

齐景公①问政于孔子。

孔子对曰："君君，臣臣，父父，子子。"②

公曰："善哉！信如君不君，臣不臣，父不父，子不子，虽有粟，吾得而食诸！"③

子贡问友。子曰："忠告而善道之④；不可则止，毋自辱焉。"⑤

---

①齐景公：名杵臼。　②谓君令臣恭，父慈子孝，各尽其道也。是时景公失政，陈氏当国，公又多内嬖，不立太子，君臣父子间皆失其道，故夫子告之以此。　③景公虽善夫子之言，而不能用，其后终启陈氏弑君篡国之祸。　④忠告：尽言也。善道：婉劝也。　⑤责善为朋友之道，惟不可则止，若以数而见疏，则自取辱矣。

曾子曰："君子以文①会友，以友辅②仁。"③

---

①文：谓《诗》《书》《礼》《乐》也。　②辅：犹佐也。　③此与学而时习朋自远来意略同。《说苑》云："贤师良友在其侧，《诗》《书》《礼》《乐》陈于前，弃而为不善者鲜矣。"

定公问："一言而可以兴邦，有诸？"

孔子对曰："言不可以若是其几也①。人之言曰：'为君难，为臣不易。'②如知为君之难也，不几乎一言而兴邦乎？"③

曰："一言而丧④邦，有诸？"

孔子对曰："言不可以若是其几也。人之言曰：'予无乐乎为君，唯其言而莫予违也。'⑤如其善而莫之违也，不亦善乎，如不善而莫之违也，不几乎一言而丧邦乎⑥！"

---

①几：平声，期也。言一言之间，未可以如此必期其效。②当时有此言也。　③言因为君难一言，而知为君之所以难，则无一事之或忽，一言兴邦，庶可期矣。　④丧：去声，失也。⑤言他无所乐，惟乐出言之莫敢违我也。　⑥如不善而莫之违，则与谗谄面谀之人居，邦欲不丧可得乎？

子曰："爱之，能勿劳乎①？忠焉，能勿诲乎？"②

---

①劳：习劳也。　②爱而勿劳，禽犊之爱也，忠而勿诲，妇寺之忠也。

子路问事君。子曰："勿欺也，而犯①之。"②

---

①犯：谓犯颜谏争。　②子路仕季氏，夫子谓为具臣，季氏

伐颛臾，子路未能谏止，故此告以勿欺，而更云犯之，其意甚深。

子曰：“事君，敬其事而后其食。”①

①先尽力而后食禄。《礼·檀弓》：“仕而未有禄，去。”可知人臣不得禄，去位则可，若但计食禄而不尽职，则不可。

孔子曰：“益者三友，损者三友。友直，友谅①，友多闻，益矣。友便辟②，友善柔③，友便佞④，损矣。”

①谅：信也。 ②便：平声，下同；便辟：巧避人所忌以求容媚也。 ③善柔：面柔也。 ④便：辩也。便佞：谓佞而辩也。

子曰：“鄙夫①可与事君也与哉？其未得之也，患得之②；既得之，患失之③。苟患失之，无所不至矣。”④

①鄙夫：庸恶陋劣之称。 ②患得：谓患不能得位。 ③既得位，则又患失位。 ④小则吮痈舐痔，大则弑君篡国，皆生于患失之心。《礼·杂记》：“既得之而又失之，君子耻之。”似与鄙夫所患同，然君子乃耻不称其位而失之，与鄙夫思固其位之心异。

宰我①问："三年之丧，期②已久矣。君子三年不为礼，礼必坏；三年不为乐，乐必崩③。旧谷既没④，新谷既升⑤，钻燧改火⑥，期可已⑦矣。"

子曰："食夫稻，衣夫锦，于女安乎？"⑧

曰："安！"

"女安则为之！夫君子之居丧，食旨⑨不甘，闻乐不乐，居处不安，故不为也。今女安，则为之⑩！"

宰我出。子曰："予之不仁也！子生三年，然后免于父母之怀。夫三年之丧，天下之通丧也⑪。予也有三年之爱于其父母乎？"⑫

---

①宰我：孔子弟子，名予，字子我。　②期（jī）：周年也。③谓玉帛钟鼓之属，恐居丧不习而崩坏也。　④没：尽也。⑤升：登也。　⑥古时钻木取火，故曰钻燧。燧，取火具也。《周书·月令》有更火之文，如春取榆柳之火，夏取枣杏之火，秋取柞楢之火，冬取槐檀之火，一年之中，钻火各异木，故曰改火。⑦已：止也。　⑧稻为谷之美者，锦为衣之华者，若一期除丧，即食美衣华，在三年之内，人子之心安乎？　⑨旨：美味也。⑩责其无仁恩于亲，故再言女安则为之。　⑪天下之通丧：谓自君主以达平民也。　⑫言子于父母，欲报之德，昊天罔极，而予也有三年之爱乎？

子夏之门人问交于子张①。子张曰："子夏云何？"

对曰：“子夏曰：‘可者与之，其不可者拒之②。’”

子张曰：“异乎吾所闻：‘君子尊贤而容众，嘉善而矜③不能。’我之大贤与，于人何所不容。我之不贤与，人将拒我，如之何其拒人也④。”

---

①子张：孔子弟子，姓颛孙，名师。　②拒：绝之意。③矜：怜也。　④子夏所云，伦党之交也，友交也；子张所云，尊卑之交也，泛交也。二者当有次第，学者宜以后汉马援刻鹄类鹜、画虎类狗之言参照之。

曾子曰：“吾闻诸夫子：‘人未有自致①者也，必也亲丧乎！’”②

---

①致：尽也。　②言人虽未能自尽于他事，至于亲丧必自尽。孟子曰：“亲丧固所自尽也。”

曾子曰：“吾闻诸夫子：‘孟庄子①之孝也，其他可能也；其不改父之臣与父之政②，是难能也。’”

---

①孟庄子：鲁大夫，名速。　②庄子父献子，名蔑，庄子居父丧，父臣与父政，皆不忍遽改。

仁　篇

子曰：“巧言令色①，鲜矣仁！”②

①巧：好也。令：善也。令色：善其颜色以媚人也。　②好其言，善其色，务以悦人，则本心之德亡矣。

子曰：“里仁为美①。择不处仁，焉得知②？”

①五家为邻，五邻为里。言里有仁厚之俗为美。　②知：去声。择里而不居美地，则无是非之心，安得为知？荀子《劝学篇》：“故君子居必择乡，游必就士，所以防邪僻而近中正也。”

子曰：“不仁者，不可以久处约①，不可以长处乐②。仁者安仁③，知者利仁④。”

①约：困也。不仁者久困必为非。　②不仁者长乐必骄佚。③安仁：安而行之也。　④利仁：利而行之也。安行为仁，利行为知，及其成功一也。

子曰："唯仁者，能好人，能恶人。"①

---

①好人之所好，恶人之所恶，惟仁者能之。

子曰："苟志于仁矣①，无恶也。"②

---

①苟：诚也。志：心之所之也。　②言诚能志于仁，则其余于无恶矣。

子曰："富与贵，是人之所欲也，不以其道得之，不处也；贫与贱，是人之所恶也，不以其道得之①，不去也。君子去仁，恶乎成名②。君子无终食之间违仁③，造次必于是，颠沛必于是④。"

---

①不以其道得之：谓不当得而得之。荀子《性恶篇》："仁之所在无贫穷，仁之所亡无富贵。"盖本此意。　②恶：平声。言不得成名为君子。　③终食：一饭之顷。违：离开。　④造次：急遽也。颠沛：偃仆也。言虽急遽偃仆不违仁。

子曰："吾未见好仁者，恶不仁者。好仁者，无以尚之①；恶不仁者，其为仁矣，不使不仁者加乎其身②。有能一日用其力于仁矣乎？吾未见力不足者③。盖有之矣④，我未之见也。"

---

①尚：加也。无以尚之：言无以复加也。　②不使不仁者加乎其身：言绝去不仁之事也。　③言无人能一日用其力于仁者，我未见欲为仁而力不足者。　④盖：疑辞。有之：谓有用力而力不足者。

孟武伯问："子路仁乎？"子曰："不知也。"①

又问。子曰："由也，千乘之国②，可使治其赋也③，不知其仁也。"

"求也何如？"子曰："求也，千室之邑④，百乘之家⑤，可使为之宰也⑥，不知其仁也。"

"赤也何如？"子曰："赤也，束带立于朝，可使与宾客言也⑦，不知其仁也。"

---

①仁道至大，故答以不知。　②千乘之国：诸侯之国，其地可出兵车千乘者也。　③赋：兵也，古者以田赋出兵，故谓兵为赋。　④千室之邑：大邑。　⑤百乘之家：卿大夫之家也。⑥宰：邑长家臣之通号。　⑦言善为仪容，可使应对宾客。

樊迟问知①，子曰："务民②之义，敬鬼神而远之，可谓知矣。"③问仁，曰："仁者先难而后获④，可谓仁矣。"⑤

---

①知：去声。聪明。　②民：犹人也。　③《礼·表

记》："周人尊礼尚施，事鬼敬神而远之，近人而忠焉。"殆与此答问知同。　④获：得也。　⑤孔子告樊迟先事后得，非崇德与？殆与此答问仁同。

子曰："知者乐水，仁者乐山①；知者动，仁者静②；知者乐，仁者寿③。"

①乐：音 yǎo，下乐山之乐同，喜好也。知者运其才智，如流水之流，故乐水，仁者安于义理，如山之安，故乐山。　②知者日进，故动，仁者无欲，故静。　③动者自得其乐，静者必得其寿。

宰我问曰："仁者，虽告之曰：'井有仁①焉。'其从之也②？"子曰："何为其然也？君子可逝也，不可陷也；可欺也，不可罔也③。"④

①仁：当作"人"。　②从：谓从井救人也。　③逝：往而不返。陷：陷溺也。罔：昧也。往而救之，君子所可，若陷于井而救人，是谓罔矣。　④孟子曰："君子可欺以其方，难罔以非其道。"其义与此言同。

子贡曰："如有博施于民而能济众①，何如？可谓仁乎？"子曰："何事于仁②，必也圣乎？尧舜其犹病诸③！夫仁者，己欲立④而立人，己欲达而达人⑤。能近取譬⑥，可谓仁之方也已⑦。”⑧

---

①博：广也。施：去声。济：助也。如以舟济人也。　②何事于仁：犹言何止于仁。　③病：内省疚也。言广施恩惠，济民于患难，虽尧舜至圣，内省尚负疚。《礼·礼运》：“选贤与能，讲信修睦，故人不独亲其亲，不独子其子，使老有所终，壮有所用，幼有所长，矜寡孤独废疾者皆有所养。”此则可言博施矣。④立：如三十而立之立。　⑤达：如在邦必达在家必达之达。为之不厌，己立己达也，诲人不倦，立人达人也，孝子不匮，永锡尔类，即孝道之己立立人也，君子之爱，人也以德，即德行之己达达人也。　⑥譬：喻也。　⑦方：犹术也。　⑧近取诸身，譬诸他人，即所谓恕之推己及人也，恕仁本一理也。

冉有曰①：“夫子为卫君乎？”②子贡曰：“诺③！吾将问之。”

入，曰④：“伯夷、叔齐何人也？”⑤曰：“古之贤人也。”曰：“怨乎？”曰：“求仁而得仁，又何怨！”⑥出，曰⑦：“夫子不为也。”⑧

---

①冉有问子贡也。　②为：去声，下同，犹助也。卫君：卫出公辄也，庄公蒯聩之子。卫灵公逐太子蒯聩，蒯聩奔晋，公薨，辄立，晋纳蒯聩，辄拒之，故冉有以夫子助辄否乎为问。　③诺：

应辞也。　　④子贡入问也。　　⑤伯夷、叔齐：兄弟二人，姓墨胎。伯夷名允，字公信。叔齐名智，字公达。父名初，封孤竹国为君。初将殁，遗命立叔齐。初卒，伯夷遵父命，让国叔齐而逃去，叔齐亦逃，国人立其仲子。　　⑥伯夷从父命为孝，叔齐不忍蔑兄而立为弟，孝弟为仁之本，二人各求得之，又何怨乎。　　⑦出告冉有也。　　⑧夫子既贤夷齐，又以其求仁得仁为无怨，则不为卫君可知。

子曰："仁远乎哉！我欲仁，斯仁至矣。"①

---

①求仁得仁。

曾子曰："士不可以不弘毅①，任重而道远②。仁以为己任，不亦重乎！死而后已，不亦远乎！"③

---

①弘：大也。毅：强忍也。　　②士弘毅，然后能任重致远。　　③《礼·表记》："仁之为器重，其为道远，举者莫能胜也，行者莫能致也，取数多者仁也，夫勉于仁者，不亦难乎！"与此章互证，唯勉于仁，故士贵弘毅也。

子曰："知者不惑①，仁者不忧②，勇者不惧③。"

---

①知者审物明辨，故不惑。　　②仁者乐天知命，故不忧。

③勇者见义能为，故不惧。

颜渊问仁。子曰：“克己复礼为仁①。一日克己复礼，天下归仁焉②。为仁由己，而由人乎哉！”③

颜渊曰：“请问其目④？”子曰：“非礼勿视，非礼勿听，非礼勿言，非礼勿动。”⑤颜渊曰：“回虽不敏，请事斯语矣⑥！”⑦

---

①此为古成语。孔子引之。克：胜。己：身之私欲也。复：反也。　②归：犹与也。一日克己复礼，天下归仁，极言其效之大也。　③由己不由人，即仁远乎哉之意。　④目：条件也。　⑤四者即克己复礼之目。　⑥请事斯语：言力行此四者。　⑦《礼·乐记》：“是故君子反情以和其志，比类以成其行，奸声乱色，不留聪明，淫乐慝礼，不接心术，惰慢邪辟之气，不設于身体，使耳目鼻口心知百体，皆由顺正以行其义。”即此章所严非礼诸事也。

仲弓①问仁。子曰：“出门如见大宾②，使民如承大祭③。己所不欲，勿施于人④。在邦无怨，在家无怨⑤。”仲弓曰：“雍虽不敏，请事斯语矣！”

---

①仲弓：孔子弟子，姓冉，名雍。　②敬也。　③与见大宾同意。　④恕也。　⑤邦家无怨，即仁之效。

司马牛问仁。子曰："仁者其言也讱。"①

曰："其言也讱，斯谓之仁矣乎？"子曰："为之难，言之得无讱乎？"②

---

①讱（rěn）：忍也，难也。言难言之事，必须讱而言之。盖讱而言，正所以致其不忍之情，故夫子以为仁。一说，牛兄桓魋为害于宋，牛忧之，情见乎辞，兄弟怡怡，不以义伤恩也，而魋之不共，上则祸国，下则败家，为之弟者，必须涕泣而道。夫子之言，非无因也。　②行仁难，言仁亦不得不难。

子张问曰："令尹子文①，三仕为令尹，无喜色；三已之，无愠色。旧令尹之政，必以告新令尹。何如？"子曰："忠矣。"曰："仁矣乎？"曰："未知，焉得仁！"②

"崔子弑齐君③，陈文子有马十乘④，弃而违⑤之。至于他邦，则曰：'犹吾大夫崔子也！'违之。之⑥一邦，则又曰：'犹吾大夫崔子也！'违之。何如？"子曰："清矣。"⑦曰："仁矣乎？"曰："未知，焉得仁！"⑧

---

①令尹：楚官名。子文：姓斗，名穀於菟。　②子文喜怒不形，新旧如一，公尔忘私，国尔忘家，可谓为忠，不可遽以为仁也。　③崔子：名杼。弑：下杀上也。齐君：庄公光也。庄公通崔子之妻，崔子弑之。　④陈文子：名须无，亦齐大夫。十乘：四十匹也。　⑤违：去也。　⑥之：至也。　⑦清：洁也。

言其能洁己也。　⑧文子洁身去乱，可谓之清，不可遽以为仁也。

樊迟问仁，子曰："爱人。"问知①，子曰："知人。"②

樊迟未达③。子曰："举直错④诸枉，能使枉者直。"⑤

樊迟退，见子夏曰："乡也吾见于夫子而问知，子曰，'举直错诸枉，能使枉者直'，何谓也？"⑥

子夏曰："富⑦哉言乎！舜有天下，选于众，举皋陶⑧，不仁者远矣⑨；汤有天下，选于众，举伊尹⑩，不仁者远矣。"⑪

---

①此知字去声，同"智"，与下知字异。　②《大戴礼·王言篇》：孔子曰："仁者莫大于爱人，知者莫大于知贤。"《荀子·君道》载子贡对夫子问曰："知者知人，仁者爱人。"是爱人知人，为仁知之大用。　③迟意爱人务博，知人务精，二者似相悖。　④错：置也。　⑤举直错枉：知也，使枉者直，则仁矣，二者匪惟不相悖，反相为用。　⑥迟以夫子专言知者之事，又未达所以能使枉者直之理。　⑦富：盛也。　⑧皋陶（gāo yáo）：舜士师。　⑨不仁者远：即言不仁者化而为仁，所谓使枉者直也。　⑩伊尹：汤之相也。　⑪子夏知夫子兼言仁知，故引舜、汤事以证之。孟子曰："为天下得人者，谓之仁。"惟知人而后能得人也。

樊迟问仁。子曰："居处恭，执事庄，与人忠。虽之夷狄，不可弃也。”

子曰：“刚[①]、毅[②]、木[③]、讷[④]近仁[⑤]。”

---

①无欲为刚。　②果敢为毅。　③木：质朴也。　④讷：迟钝也。　⑤四者皆仁之质，故近仁。

子曰：“有德者必有言，有言者不必有德[①]。仁者必有勇，勇者不必有仁[②]。”

---

①德音高合，发为明训者，有德者之言也，与佞人说客辩士之言不同，故有德必有言，有言不必有德。　②知穷达之有命，临大难而不惧者，仁者之勇也，与渔父猎夫烈士之勇不同，故仁者必有勇，勇者不必有仁。

子曰：“君子而不仁者有矣夫，未有小人而仁者也。”[①]

---

①仁道难成，以仲由冉求公西华之贤，令尹子文之忠，陈文子之清，犹未得为仁，故虽君子有不仁也，若小人则以小善无益而勿为，以小恶为无伤而勿去，致恶积而不可掩，罪大而不可解，故小人必无仁也。

子路曰：“桓公杀公子纠，召忽死之，管仲不死。”[①]曰：“未仁乎[②]？”

子曰："桓公九[③]合诸侯，不以兵车[④]，管仲之力也，如其仁！如其仁[⑤]！"

---

①齐襄公无道，其臣鲍叔牙，奉公子小白奔莒，后国乱，襄公被弑，管夷吾、召忽奉公子纠奔鲁，鲁伐齐，纳子纠，小白自莒先入，是为桓公，杀公子纠，召忽死之，鲍叔牙荐管仲于桓公以为相。 ②子路疑管仲忘主事仇，不得为仁。 ③九：同"纠"，督也。 ④不以兵车：言不假威力也。 ⑤如其仁：言谁如其仁者，再言所以深许之。

子贡曰："管仲非仁者与？桓公杀公子纠，不能死，又相之。"①

子曰："管仲相桓公，霸[②]诸侯，一匡天下[③]，民到于今受其赐，微[④]管仲，吾其被发左衽矣[⑤]。岂若匹夫匹妇之为谅[⑥]也，自经[⑦]于沟渎而莫之知也。"⑧

---

①子贡意不死犹可，相之则非仁矣。 ②霸：长也。 ③匡：正也。尊周室，攘夷狄，皆所以正天下也。 ④微：无也。 ⑤衽：襟也。被发左衽：夷狄之俗。言无管仲，中国皆沦为夷狄也。 ⑥谅：小信也。 ⑦经：缢也。 ⑧夫子深嘉管仲之功，然此言亦未谓召忽不当死也。

子曰："志士仁人，无求生以害仁，有杀身以成仁。"①

---

①此言志士仁人不爱其身，然杀身不必尽力锯鼎镬也，比干之谏，夷、齐之饿，固矣，如舜之野死，冥之水死，以死勤事，亦为杀身成仁；至管仲不死，而尊周攘夷，民受其赐，亦非求生害仁；可知圣贤之生死，皆视乎仁，非谓仁必死也，死即仁也。

子贡问为仁。子曰："工欲善其事，必先利其器。居是邦也，事其大夫之贤者，友其士之仁者。"①

---

①工以利器为用，人以贤友为助，夫子以子贡悦不若已者，故告之如此。

子曰："当仁，不让于师。"①

---

①弟子每事宜让师，唯当行仁之事，不复让师，以其急也。

子张问仁于孔子。孔子曰："能行五者于天下，为仁矣。""请问之。"曰："恭、宽、信、敏、惠。恭则不侮①，宽则得众②，信则人任③焉，敏则有功，惠则足以使人。"

---

①侮：欺慢也。　②得众：得众心。　③任：任事也。

微子去之①，箕子为之奴②，比干谏而死③。孔子曰：“殷有三仁焉。”④

---

①微：国名；子：爵也。微子：纣庶兄，见纣无道，抱祭器而去之。　②箕：国名；箕子：纣诸父，见纣无道，虑祸及，佯狂为奴。　③比干：纣诸父，以谏纣见杀。　④三人之行不同，而其忠诚则一，故谓之仁也。此章当与杀身成仁，管仲不死亦仁诸章参看。

德行道艺篇

曾子曰："吾日三省吾身：为①人谋而不忠乎？与朋友交而不信乎？传不习乎？"②

---

①为：去声。　②夫子言十室之邑，必有忠信，而不如丘之好学，今曾子三省，既以忠信自勉，又以师之所传，恐有不习，其好学可知。

子曰："君子不重，则不威①，学则不固②。主忠信③。无④友不己者。过则勿惮⑤改。"

---

①重：厚重。威：威严。　②固：坚固也。　③言学者当以忠信为主。　④无：与"毋"通，禁止辞。　⑤惮：畏难也。

子曰："人而无信，不知其可也。大车无輗①，小车无軏②，其何以行之哉！"

---

①大车：牛车。輗（ní）：辕端横木以缚轭。　②小车：驷马车。軏（yuè）：辕端上曲钩衡。

子曰："朝闻道①，夕死可矣②。"

---

①道：真理。　②闻道而不遽死，则助德性不鲜，若朝闻而夕死，则犹贤于未闻，故曰可矣。

子曰："士志于道，而耻恶衣恶食者，未足与议也。"①

---

①士既志道而耻口体之奉不若人，则嫉妒之心必不能免，故曰未足与议也。

子曰："德不孤，必有邻。"①

---

①方以类聚，故必有邻，是以不孤。

子曰："道不行，乘桴浮于海①，从我者，其由与！"子路闻之喜。子曰："由也好勇过我，无所取材②。"

---

①桴（fú）：编竹木代舟也。此殆夫子伤道之终不行也。
②无所取材者，无所取于桴材也。

子贡曰："我不欲人之加诸我也，吾亦欲无加诸人。"子曰："赐也，非尔所及也。"①

---

①推己及人，恕之事也，能恕即仁，故夫子以为非子贡所及。

子谓子产①：“有君子之道四焉：其行己也恭；其事上也敬；其养民也惠；其使民也义。”

---

①子产：郑公族，名侨，当其为相之时，晋楚皆不加兵于郑。

子曰：“孰谓微生高直①？或乞醯②焉，乞诸其邻而与之。”③

---

①微生姓，高名，鲁人，有直名。　②醯（xī）：醋也。③乞醯市惠，乃掠美之行，故不得谓直。

子曰：“谁能出不由户，何莫由斯道也？”①

---

①言人出入当由户，立身行事当由道。

子曰：“人之生也直，罔①之生也幸而免。”②

---

①罔：不直也。　②言人以直而生，其邪曲而亦能生者，幸而免耳。

子曰："中庸①之为德也，其至②矣乎！民鲜久矣！"③

---

①中：中和也。庸：常也。　②至：极也。　③言中和可常行之德，其理至善，而民少此德也久矣，可叹也。

子曰："志①于道，据②于德，依③于仁，游于艺④。"

---

①心之所之谓之"志"。　②据：执守之谓。　③依：不违之谓。　④游：玩物适情之谓艺，礼乐射御书数也。

曾子有疾，召门弟子曰："启予足！启予手①！《诗》云：'战战兢兢，如临深渊，如履薄冰。'②而今而后，吾知免夫！小子③！"④

---

①启：开也。开衾视手足也。　②《诗·小旻》篇语。战战：恐也。兢兢：戒也。临渊：恐坠履冰，恐陷也。　③小子：门人也。　④曾子将死，以保全亲之遗体示门人，即身体发肤受之父母不敢毁伤意。

曾子有疾，孟敬子①问之。曾子言曰："鸟之将死，其鸣也哀；人之将死，其言也善②。君子所贵③乎道者三：动容貌，斯远暴慢矣④；正颜色，斯近信矣⑤；出辞气，斯远鄙倍矣⑥。笾豆之事，则有司存⑦。"

①孟敬子：鲁大夫，仲孙捷也。　②言将死时之善言可用也。　③贵：重也。　④暴：粗厉也。慢：放肆也。言须与粗厉放肆相远。　⑤信：实也。　⑥鄙：凡陋也。倍：与“背”同，谓背理也。　⑦笾：竹豆。豆：盛食器。有司：司礼器者。言笾豆之事，自有主管之人，不必在上位之君子操心也。

子曰：“笃信好学①，守死善道②。危邦不入，乱邦不居。天下有道则见③，无道则隐。邦有道，贫且贱焉，耻也；邦无道，富且贵焉，耻也。”④

---

①笃：厚也。信道笃者必能好学也。　②守死善道者，即孟子所谓尽其道而死者，正命也。　③见：读如“现”。　④邦有道，贤者宜在上位，若己贫贱，则必己之道未善。邦无道，必在位无贤者，或贤者不得施其用，若己反富贵，则必以道殉人，故皆可耻。

子张问崇①德辨惑。子曰：“主忠信，徙②义，崇德也。爱之欲其生，恶之欲其死。既欲其生，又欲其死，是惑也③。‘诚不以富亦祇以异’。”

---

①崇：重也。　②徙：迁也。　③《礼·檀弓》：“进人若将加诸膝，退人若将坠诸渊。”与此同一形容，极言其惑也。

子张问："士何如斯可谓之达矣①？"子曰："何哉，尔所谓达者？"②

子张对曰："在邦必闻③，在家必闻。"子曰："是闻也，非达也④。夫达也者，质直而好义，察言而观色，虑以下人。在邦必达，在家必达⑤。夫闻也者，色取仁而行⑥违，居之不疑。在邦必闻，在家必闻。"⑦

---

①达：通也。通于处人处己之道，行之无阻，所谓忠信笃敬蛮貊可行也。　②子张务外，夫子故反诘之。　③闻：去声，言名誉著闻也。　④闻与达相似而实非，乃诚伪之所由分也。⑤达者，质朴正直，所行合义，察言而观色，不侮慢人，如此则攸往咸宜，不求闻誉，而名必归之矣。　⑥行：去声。　⑦善其颜色，窃取仁名，而行实背之，自以为是，不复疑虑，如此以得名誉，是之谓闻。

樊迟从游于舞雩①之下，曰："敢问崇德，修慝②，辨惑？"③

子曰："善哉问！先事后得④，非崇德与？攻其恶，无攻人之恶⑤，非修慝与？一朝之忿，忘其身以及其亲⑥，非惑与？"

---

①舞雩：鲁祷雨之处。古时祷雨，为坛，章女巫以舞，后因名

其地。　②修：治也。慝（tè）：恶也。　③崇德六字，一说为鲁祷雨辞。　④先事后得：即先难后获也。　⑤攻其恶，无攻人之恶：躬自厚而薄责人也。　⑥一朝之忿忘身及亲者，好勇斗狠以危父母也。

叶公①语孔子曰："吾党有直躬②者，其父攘③羊，而子证之。"

孔子曰："吾党之直者异于是：父为子隐④，子为父隐，直在其中矣⑤。"

---

①叶（shè）：春秋楚地，今河南叶县。叶公：叶县尹而僭称公也，姓沈，名诸梁，字子高。　②直躬：直身行事之人。　③有因而盗曰"攘"。　④隐：蔽也。　⑤父子相隐，天理人情之至，不务直之名，而直在其中。

子贡问曰："何如斯可谓之士矣？"子曰："行己有耻①，使于四方，不辱君命，可谓士矣。"

曰："敢问其次？"曰："宗族称孝焉，乡党称弟焉。"②

曰："敢问其次？"曰："言必信，行必果③，硁硁然小人哉④！抑亦可以为次矣。"

曰："今之从政者何如？"子曰："噫！斗筲之人⑤，何足算⑥也！"

---

①有耻：有所不为也。 ②入则孝，故称于宗族；出则弟，故称于乡党。 ③果：必行也。 ④硁硁（kēng）：形容浅薄固执。 ⑤斗：容十升。筲（shāo）：竹器，容斗二升。斗筲之人：言其人器量狭小也。 ⑥算：数也。

子曰："南人①有言曰：'人而无恒，不可以作巫医。'②善夫！"

"不恒其德，或承之羞。"③

子曰："不占而已矣。"④

---

①南人：南国之人。 ②恒：常也。言巫医小道，亦不可无常也。 ③《易·恒卦》辞。承：进也。言德无常，则将有羞辱之事进之。 ④言《易》占吉凶，无恒之人，《易》所不占也。

宪①问耻。子曰："邦有道，穀；邦无道，穀，耻也。"②

"克、伐、怨、欲不行焉③，可以为仁矣？"④子曰："可以为难矣，仁则吾不知也。"

---

①宪：孔子弟子，姓原，字子思。 ②此节当与邦有道贫且贱焉节并看。 ③克：好胜。伐：自矜。怨：忿恨。欲：贪欲。④此亦原宪问也。

子曰："邦有道，危①言危行；邦无道，危行言孙②。"③

---

①危：厉也。　②孙：顺也。　③处有道之时，可以厉言行，处无道之时，则厉行不随俗，顺言以远害。汉明之末，学者知崇气节，而持之过激，酿为党祸，毋亦昧于远害之旨乎。

南宫适①问于孔子曰："羿善射，奡荡舟，俱不得其死然②；禹、稷躬稼，而有天下③。"夫子不答。

南宫适出，子曰："君子哉若人！尚德④哉若人！"⑤

---

①南宫适：孔子弟子，名绍，字子容，居南宫，故又字南容，谥敬叔，孟懿子之兄也。　②羿（yì）：有穷国之君，善射，篡夏后相位，其臣寒浞杀之。奡（ào）：寒浞子，力能陆地行舟，为夏少康所杀。荡舟：推舟也；一说覆舟也。　③禹及身而王，稷至后嗣而王。　④尚德：尚有德也。　⑤适意以羿奡禹稷明天道福善祸淫之理，故孔子不必答，而俟其出以赞美之。

子曰："贫而无怨难，富而无骄易。"①

---

①言人处贫难处富易也。

子路问成人①，子曰："若臧武仲之知②，公绰之不欲③，卞庄子之勇④，冉求之艺⑤，文⑥之以礼乐，亦可⑦以为成人矣。”

曰⑧：“今之成人者何必然？见利思义，见危授命，久要不忘平生之言⑨，亦可以为成人矣。”⑩

---

①成人：犹言全人。　②臧武仲：鲁大夫臧孙纥也，武仲其谥，以有智称。　③公绰：姓孟，亦鲁大夫，恬淡寡欲。　④卞庄子：鲁卞邑大夫，有勇力。　⑤冉求以有才艺见称。　⑥文：文饰。　⑦亦可：未足之辞。　⑧孔子又言也。　⑨久要：旧约也。平生：平日也。　⑩言如见利思义，见危授命，期约不忘平日之所言，则亦可得为今之成人也。

子问公叔文子于公明贾①曰：“信乎，夫子不言，不笑，不取乎②？”

公明贾对曰：“以告者过也。夫子时然后言，人不厌其言；乐然后笑，人不厌其笑；义然后取，人不厌其取。”

子曰：“其然？岂其然乎？”③

---

①公叔文子：卫大夫，公孙拔也。公明贾：亦卫人。　②夫子：指公叔文子。不取：不取人所与物也。　③此非礼义充溢得时措宜者不能，是以夫子疑其未及也。

蘧伯玉①使人于孔子。

孔子与之坐而问焉，曰：“夫子②何为？”对曰：“夫子欲寡其过而未能也。”③使者出，子曰：“使乎！使乎！”④

---

①蘧伯玉：卫大夫，名瑗，贤人也。　②夫子：指伯玉也。　③伯玉行年五十而知四十九之非，见《淮南子·原道训》，然则其使此言，亦为实语。　④再言使乎者，深赞美之也。

或曰：“以德报怨，何如？”

子曰：“何以报德①？以直报怨，以德报德。”

---

①言所怨者以德报之，则有德者，将如何报之。

公伯寮愬子路于季孙①。子服景伯以告②，曰：“夫子固有惑志于公伯寮③，吾力犹能肆诸市朝④。”

子曰：“道之将行也与，命也；道之将废也与，命也。公伯寮其如命何！”⑤

---

①公伯寮：鲁人。愬：僭诬也。时子路为季氏家臣。　②子服景伯：鲁大夫子服何也。告：告孔子。　③夫子：指季孙。惑志：疑意也。　④肆：陈尸也。市与朝，公众之地，人所指目也。言力能诛寮也。　⑤或谓此事当在堕三都出藏甲之时，此策所以以强公室，孔子实使子路为之，故寮之言能见信于季氏，夫子以其与道之行废有关，因言事之成败，有命存焉，寮无能为，以慰子路而平景伯之愤。

子张问行①。

子曰："言忠信，行笃②敬，虽蛮貊③之邦行矣；言不忠信，行不笃敬，虽州里④行乎哉！立则见其参于前也，在舆则见其倚于衡也⑤，夫然后行。"子张书诸绅⑥。

---

①犹问达之意。　②笃：厚也。　③蛮：南蛮。貊：北狄。　④二千五百家为州，二十五家为里。　⑤其者，指忠信笃敬而言。参：言与我相参也。舆：车也。衡：轭也。言其于忠信笃敬，念念不忘，随在见之也。　⑥绅：大带也。书绅，欲其不忘。

子曰："直哉史鱼①！邦有道，如矢；邦无道，如矢②。君子哉蘧伯玉！邦有道，则仕；邦无道，则可卷而怀之③。"

---

①史：官名。鱼：卫大夫，名鰌。　②如矢：言直也。卫灵公不用蘧伯玉，而任佞人弥子瑕，鱼谏不从，将死，命其子置尸牖下，曰："吾生不能正君，死无成礼。"及死，子如其言，灵公往吊，见而怪之，其子以告，公乃进伯玉而退子瑕，孔子因称其直。③卷：收也。怀：藏也。卫孙林文逐其君衎，宁喜弑其君剽，蘧伯玉身遭其变，近关再出，颇合于有道则见无道则隐之义，故称为君子。

子贡问曰："有一言[1]而可以终身行之者乎？"子曰："其恕[2]乎！己所不欲，勿施于人。"

---

[1]一言：谓一字。　　[2]恕："忠"是有积极意义的道德，未必每个人都有条件来实行。"恕"只是"己所不欲，勿施于人"，则谁都可以这样做。

子曰："道不同，不相为谋。"

子曰："乡原[1]，德之贼也[2]。"

---

[1]原：与"愿"同；乡原：乡人之名为谨厚者。乡原同流合污，居似忠信，行似廉洁，众皆悦之，而不可与入尧舜之道，故曰"德之贼"。

子曰："道听而涂说，德之弃也。"[1]

---

[1]记问之学，不足以为人师，必也温故知新，研精习久，而后可传说耳，若听于道路，不复思索，即为人传说，必多谬妄，而绝不能言其德矣。

柳下惠为士师[1]，三黜[2]。人曰："子未可以去乎？"曰："直道而事人，焉往而不三黜？枉道而事人，何必去父母之邦！”③

---

①柳下惠：鲁大夫，姓展，名禽，食邑于柳，谥曰惠。士师：狱官。　②黜：退也。　③柳下惠被黜不去，即降志辱身之事，故孟子称为圣之和，然不为枉道，故孟子又称为不以三公易其介。

子夏曰：“虽小道①，必有可观者焉；致远恐泥，是以君子不为也②。”

---

①小道：如农圃医卜之属，或谓诸子百家之书。　②泥：不通也。言依此小道而推致久远，恐不能通，故君子专心大道而不为之。

子夏曰：“大德不逾闲①，小德出入可也②。”

---

①大德：犹大节。闲：法也。　②小德：小节。小节有时于法可有出入。

德治篇

子曰："道千乘之国①，敬事而信。节用而爱人，使民以时②。"

①道：治也。诸侯之国，可出兵车千乘者，为千乘之国。
②时：谓农隙之时。

子曰："为政以德，譬如北辰①，居其所而众星共②之。"③

①北辰：北极也。　②共：同"拱"。　③人君若无为而御民以德，则民共尊奉之，犹如众星之拱卫北辰也。

子曰："道①之以政，齐②之以刑，民免③而无耻；道之以德，齐之以礼，有耻且格④。"⑤

①道：同"导"。　②齐：谓齐整。　③免：苟免。
④格：感也。　⑤《礼·缁衣》云："夫民教之以德，齐之以礼，则民有格心；教之以政，齐之以刑，则民有遁心。"《大戴礼·礼

察篇》：“以礼义治之者积礼义，以刑罚治之者积刑罚，刑罚积而民怨倍，礼义积而民和亲，故世主欲民之善同，而所以使民之善者异也，或导之以德教，或驱之以法令。导之以德教者，德教行而民康乐。驱之以法令者，法令极而民哀戚，哀乐之感，祸福之应也。”并足发明此章之义。

哀公问曰：“何为则民服？”孔子对曰：“举直错诸枉，则民服①；举枉错诸直，则民不服。”

①举：进也。错：舍也。举错宜，则人心服也。

季康子①问：“使民敬、忠以劝，如之何？”子曰：“临之以庄②，则敬；孝慈，则忠；举善而教不能，则劝。”③

①季康子：鲁大夫，季孙氏，名肥。　②庄：严也。　③君临民以庄，则敬其上；孝亲慈众，则民忠其上；举善教不能，则民有所劝勉。

子曰：“雍也，可使南面。”①

①南面者，人君听治之位。言冉雍有人君之度。

仲弓问子桑伯子①，子曰：“可也，简②。”

仲弓曰："居敬而行简，以临其民，不亦可乎？居简而行简，无乃大③简乎？"④子曰："雍之言然！"

---

①子桑伯子：鲁人。　②简：治事简要而不烦也。　③大：同"泰"。　④言居身敬肃，临下不烦，可也，若伯子则太简矣。《说苑·修文篇》："孔子见子桑伯子，伯子不衣冠而处，弟子曰：'夫子何为见此人乎？'曰：'其质美而无文，吾欲说而文之。'孔子去，子桑伯子门人不说曰：'何为见孔子乎？'曰：'其质美而繁，吾欲说而去其文。'故曰：'文质修者，谓之君子，有质而无文，谓之易野。'"子桑伯子易野，欲同人道于马牛，当时隐者皆然，故仲弓以为太简。

季康子问："仲由可使从政①也与？"子曰："由也果②，于从政乎何有③！"

曰："赐也可使从政也与？"曰："赐也达④，于从政乎何有！"

曰："求也可使从政也与？"曰："求也艺⑤，于从政乎何有！"

---

①从政：谓治政事。　②果：能任事。　③言从政何难。④达：能明事。　⑤艺：能治事。

子曰："泰伯，其可谓至德也已矣①！三以天下让，民无得而称焉。”

---

①泰伯：周太王长子，太王次子仲雍，少子季历，季历贤，又生圣子昌，太王欲立之，及没，泰伯以天下三让于季历，其让隐，无得而称言之者，所以为至德也。

子曰：“巍巍乎①，舜禹之有天下也，而不与焉②！”

---

①巍巍：高大貌。　②不与：犹不相关。言其不以得位为乐。

子曰：“大哉，尧之为君也！巍巍乎，唯天为大，唯尧则之①！荡荡乎②，民无能名焉③！巍巍乎，其有成功④也！焕乎⑤，其有文章⑥！”

---

①则：法也。美尧能法天行化。　②荡荡：广远之称。③言其布德广远，民无能称名也。　④成功：事业也。　⑤焕：明也。　⑥文章：礼乐法度也。

舜有臣五人①而天下治。武王曰：“予有乱臣十人②。”孔子曰：“‘才难’，不其然乎③！唐虞之际，于斯为盛④。有妇人焉，九人而已⑤。三分天下有其二，以服事殷，周之德，其可谓至德也已矣⑥！”

①五人：禹、稷、契、皋陶、伯益。　②乱：治也。十人：谓周公旦、召公奭、太公望、毕公荣、太颠、闳夭、散宜生、南宫适及文母也。　③才难：为古语，孔子然之。　④唐虞：尧舜之号。斯：指周言。　⑤言才难之说诚然，唐虞之际有五人，比周为盛，周虽有十人，其中有一妇人，实不过九人而已。　⑥殷纣淫乱，文王为西伯，有圣德，天下归周者三分有二，而犹以服事殷，故谓之至德。

子曰："禹，吾无间①然矣。菲饮食，而致孝乎鬼神②；恶衣服，而致美乎黼冕③；卑宫室，而尽力乎沟洫④。禹，吾无间然矣！"⑤

①无间：无可议之处。　②菲：薄也。致孝鬼神，祭祀丰洁也。　③衣服：常服也。黻（fú）：蔽膝。冕：冠也，皆为祭服。
④沟洫：田间水道，以正疆界备旱潦者也。　⑤丰俭得宜，故无可议。

子贡问政。子曰："足食，足兵①，民信之矣②。"

子贡曰："必不得已而去，于斯三者何先？"曰："去兵。"③

子贡曰："必不得已而去，于斯二者何先？"曰："去食。自古皆有死，民无信不立。”④

---

①足兵：整武备也。　②言信于民。　③言食足而信孚，无兵亦可守。　④民无食必死，然死者，人所不免，无信则生亦无以自立，故宁死而不失信于民，使民亦宁死而不失信于我也。

哀公问于有若曰：“年饥，用①不足，如之何？”

有若对曰：“盍彻乎？”②

曰：“二，吾犹不足③，如之何其彻也？”

对曰：“百姓足，君孰与不足！百姓不足，君孰与足！”④

---

①用：谓国用。　②周井田之制，一井九百亩，八家合耕之，收获时分作十份，民得其九，公取其一，是名为彻，通同均平之意也。鲁自宣公税亩，又逐亩取其一，则已十而取二，非彻法矣，故有若劝行彻法，节用以裕民。　③二：即鲁现行之什二制也。公欲加赋故云不足。　④《说苑·政理篇》：“鲁哀公问政于孔子，对曰：‘政有使民富。’哀公曰：‘何谓也？’孔子曰：‘薄赋敛，则民富矣。’公曰：‘若是，则寡人贫。’孔子曰：‘《诗》云：“岂弟君子，民之父母。”未见其子富而父母贫者也。’”与此章问答之意同，故曰，有子之言似夫子。

子曰：“片言可以折狱者①，其由也与？”

子路无宿诺②。

---

①片言：半言，谓语尚未毕也。折狱：断狱也。　②宿：犹留也。子路遇承允之事，必立行之，故人皆信服。

子曰："听讼，吾犹人也①，必也使无讼乎②！"

---

①犹人：言与人同。　②道之以德，齐之以礼，则民皆感化，以讼为耻而不讼矣。

季康子问政于孔子。孔子对曰："政者，正也。子帅以正，孰敢不正！"

季康子患盗，问于孔子。孔子对曰："苟子之不欲，虽赏之不窃。"①

---

①上不贪欲，则下自不盗。

季康子问政于孔子曰："如杀无道，以就①有道，何如？"孔子对曰："子为政，焉用杀！子欲善而民善矣。君子之德风，小人之德草。草上②之风，必偃③。"④

---

①就：成也。　②上：加也。　③偃：仆也。　④康子

欲多杀以止奸，孔子令其化民而成俗，与上章子帅以正义同。

子路问政，子曰："先之①；劳之②。"

请益。曰："无倦。"

---

①身先为则。　②劝于民事。

仲弓为季氏宰，问政。子曰："先有司①，赦小过，举贤才。"

曰："焉知贤才而举之？"曰："举尔所知；尔所不知，人其舍诸②！"

---

①有司：有专责者。言各事当令有专责者为之，己居督察之位，不躬亲也。　②言尔虽不知，被尔所用之贤，必能举其所知也。

樊迟请学稼①。子曰："吾不如老农。"请学为圃②。曰："吾不如老圃。"

樊迟出。子曰："小人哉③，樊须也！上好礼，则民莫敢不敬；上好义，则民莫敢不服；上好信，则民莫敢不用情④。夫如是，则四方之民襁⑤负其子而至矣，焉用稼！"⑥

---

①树五谷曰"稼"。　②树蔬菜曰"圃"。　③小人：犹

细民也。　　④情：实也。　　⑤襁：织褛为之，以约小儿于背者。　　⑥礼义信足以成德，何用学稼哉！

子曰："其身正，不令①而行；其身不正，虽令不从。"

①令：教令也。

子适卫，冉有仆①。子曰："庶矣哉！"②冉有曰："既庶矣，又何加焉？"曰："富之。"③曰："既富矣，又何加焉？"曰："教之。"④

①仆：御车也。　　②庶：众也。孔子见卫国人烟稠密，故赞叹之。　　③《管子·治国》："见治国之道，必先富民，民富其易治也，民贫则难治也，奚以知其然也？民富则安乡重家，安乡重家，则敬上畏罪，敬上畏罪，则易治也。民贫则危乡轻家，危乡轻家，则敢陵上犯禁，陵上犯禁，则难治也。"　　④《荀子·大略篇》："不富无以养民情，不教无以理民性，故家五亩宅，百亩田，务其业而勿夺其时，所以富之也，立大学，设庠序，修六礼，明十教，所以道之也，诗曰：'饮之食之，教之诲之。'王事具矣。"

子曰："'善人为邦百年，亦可以胜残去杀矣。'①诚哉是言也！"

----

①古有是言。胜残：化残暴之人，使不为恶也。

子曰："如有王者，必世①而后仁。"②

----

①三十年曰"世"。　②言如有受命之王者，必三十年仁政乃大行。

子曰："苟正其身矣，于从政乎何有！不能正其身，如正人何？"①

----

①政者，正也。不能正己，如何正人。

叶公问政。子曰："近者说，远者来。"①

----

①说：悦。言近民欢悦，则远人自来也。

子夏为莒父①宰，问政。子曰："无欲速，无见小利。欲速则不达；见小利则大事不成。"②

----

①父：读如甫；莒父：鲁下邑。　②事不可以速成，欲速则不能达；利不可以小就，小就则大事不成。

子曰："善人教民①七年，亦可以即戎矣②。"

---

①教民者，教以孝弟忠信之行，务农讲武之法。　②即：就也。戎：兵也。

子曰："以不教民①战，是谓弃之②。"

---

①不教民：未经训练之民也。　②谓弃其民。言必败覆，徒伤民命，与弃民无异也。

子路问君子①。子曰："修己②以敬。"

曰："如斯而已乎？"曰："修己以安人③。"

曰："如斯而已乎？"曰："修己以安百姓④。修己以安百姓，尧舜其犹病诸⑤！"

---

①君子：谓在位者。　②修己：修身也。　③安人：齐家也。　④安百姓：治国平天下也。安人安百姓，皆本于修己以敬，故曰："君子笃恭而天下平。"　⑤病：犹愧也。

子曰："无为而治者，其舜也与！夫何为哉？恭己正南面而已矣。"①

---

①盛世任官得人，故舜无为而治惟敬恭南面而已。

颜渊问为邦①。子曰："行夏之时②，乘殷之辂③，服周之冕④，乐则韶舞⑤。放郑声⑥，远佞人⑦。郑声淫，佞人殆⑧。"

---

①为邦：治国也。问以何道治国。　②夏以建寅之月为岁首，见万物之生，以为四时之始，取其易知。　③辂：大车名。殷辂，木辂也。周人车制，饰以全玉，过侈而败，不若殷之朴素浑坚，为质而得其中也。　④冕：礼冠，冠上有覆，前后有旒，黄帝以来有之，至周而其制始备，盖虽华不为靡，为文而得其中也。⑤韶：舜乐，孔子始闻之，三月不知肉味，乃尽善尽美之乐也。⑥放：谓禁近之。郑音好滥淫志。　⑦佞人：卑谄辩给之人。⑧殆：危也。《韩诗内传》曰：孔子为鲁司寇，先诛少正卯，谓佞道已行乱国政也。

季氏将伐颛臾①。冉有、季路见②于孔子曰："季氏将有事于颛臾。"

孔子曰："求！无乃尔是过与③？夫颛臾，昔者先王以为东蒙主④，且在邦域之中矣⑤，是社稷之臣也，何以伐为？"

冉有曰："夫子⑥欲之，吾二臣者皆不欲也⑦。"

孔子曰："求！周任⑧有言曰：'陈力就列，不能者止。'⑨危而不持，颠而不扶，则将焉用彼相矣⑩！且尔言过矣！虎兕出于柙⑪，龟玉毁于椟⑫中，是谁之过与⑬？"

冉有曰："今夫颛臾，固而近于费[14]，今不取，后世必为子孙忧。"

孔子曰："求！君子疾夫舍曰'欲之'而必为之辞[15]。丘也闻有国有家者，不患寡而患不均，不患贫而患不安[16]；盖均无贫，和无寡，安无倾。夫如是，故远人不服，则修文德以来之；既来之，则安之。今由与求也，相夫子，远人[17]不服，而不能来也；邦分崩离析[18]，而不能守也。而谋动干戈于邦内[19]，吾恐季氏之忧，不在颛臾，而在萧墙之内也[20]！"

---

①颛臾（zhuān yú）：国名，今山东费县西北小沂河之南有颛臾村。　②见：读如现。　③言无乃是尔之过。　④东蒙：鲁山名。颛臾主祭东蒙。　⑤颛臾为鲁附庸，故在邦域之中。　⑥夫子：指季孙。　⑦冉有归咎于季氏。　⑧任：读如壬，平声。周任：古之良史。　⑨陈：布也。列：位也。言当展布才力以就位，不能则去。　⑩言不能持危扶颠，何用相为，责二子不能救季氏之失也。　⑪兕（sì）：野牛也。柙（xiá）：槛也。⑫椟（dú）：柜也。　⑬言虎兕出柙，龟玉毁椟，典守者不得辞其过，所以责二子也。　⑭固：谓城郭完固。费：季氏邑，见前。　⑮言君子疾夫舍去自己贪欲之说，而更以他辞为文饰。⑯均：均平也。季氏欲取颛臾，患寡与贫耳，然季氏据国，久不均平，君弱臣强，殊不安宁，故孔子之言如此。　⑰远人：谓颛臾也。　⑱析：散也。　⑲干：盾也。戈：戟也。言欲在国内兴兵也。　⑳萧：肃也。墙：屏也，君臣相见之礼，至屏而加肃敬

焉，故称萧墙。言祸将于至近之地；其后季桓子果为宗臣阳虎所囚。

孟氏使阳肤为士师①，问于曾子②。曾子曰："上失其道，民散久矣③。如得其情④，则哀矜⑤而勿喜。"

①阳肤：曾子弟子。士师：刑官。　　②阳肤问为士师之道。③言上失其教养之道，民心离散已久。　　④情：实也。　　⑤矜：怜也。

子张问于孔子曰："何如斯可以从政矣？"子曰："尊五美，屏①四恶，斯可以从政矣。"子张曰："何谓五美？"子曰："君子惠而不费，劳而不怨，欲而不贪，泰而不骄，威而不猛。"

子张曰："何谓惠而不费？"

子曰："因民之所利而利之②，斯不亦惠而不费乎？择可劳而劳之③，又谁怨？欲仁而得仁，又焉贪？君子无众寡，无小大④，无敢慢，斯不亦泰而不骄乎？君子正其衣冠，尊其瞻视，俨然人望而畏之，斯不亦威而不猛乎？"

子张曰："何谓四恶？"

子曰："不教而杀谓之虐；不戒视成⑤谓之暴；慢令致期⑥谓之贼；犹之与人也，出纳之吝谓之有司⑦。"

①屏：除也。　　②薄赋训农通商惠工，即利其所利也。

③使民以时，老幼免役，即劳其可劳也。　④众寡小大，指士庶人。　⑤不戒视成者，不宿戒而责立就也。　⑥慢令致期者，不早出令，及令出而为期虽迫，仍严限不许展缓也。　⑦财物自当与人，而吝啬于出纳之际，是有司之小见也。

情 文 篇

曾子曰："慎终，追远①，民德归厚矣②。"

---

①慎终者，丧尽其礼。追远者，祭尽其诚。　②民德归厚：谓下民化之，其德亦归于厚也。

子贡曰："贫而无谄，富而无骄，何如？"子曰："可也①；未若贫而乐，富而好礼者也②。"

子贡曰："《诗》云：'如切如磋，如琢如磨。'③其斯之谓与？"子曰："赐也，始可与言《诗》已矣！告诸往而知来者④。"

---

①可也者，可而未尽之辞。　②无谄无骄，虽知自守，然未能超乎贫富之外，至乐道好礼，则已自忘其贫富矣，岂不更善。③《诗·卫风·淇澳》篇语。治骨角者切而复磋，治玉石者既琢复磨，乃精益求精也。　④往：指乐道好礼言。来：指切磋琢磨言。

子曰："《诗》三百①，一言以蔽之②，曰：'思无邪。'③"

①三百：诗之大数，实有三百一十一篇也。　②蔽：犹括也。　③思无邪：《鲁颂·駉》篇之辞，言归于正也。《毛诗序》云："诗者，志之所之也，在心为志，发言为诗……故正得失，动天地，感鬼神，莫近于诗……故变风发乎情，止乎礼义；发乎情，民之性也，止乎礼义，先王之泽也。"

子曰："非其鬼而祭之，谄也①。见义不为，无勇也②。"

①非其鬼：谓非其祖考。《礼·曲礼》："非其所祭而祭之，名曰'淫祀'，淫祀无福。"　②义所宜为而不能为，是无勇。

孔子谓季氏："八佾舞于庭①，是可忍也，孰不可忍也②！"

①佾：舞列也，每佾八人，天子八佾，六十四人，诸侯六，大夫四，士二。季氏以大夫僭用天子之礼乐也。　②言如此背理之事，亦忍为之，又何事不忍为者。

子曰："人而不仁，如礼何！人而不仁，如乐何！"①

①言人而不仁，必不能用礼乐。

林放①问礼之本。子曰："大哉问！礼，与其奢也，宁俭；丧，与其易也，宁戚②。"

---

①林放：鲁人。　　②易：去声，治也。言即如丧事，与其整治表面，不如尽哀为愈。《礼·檀弓》："丧礼，与其哀不足而礼有余也，不若礼不足而哀有余也；祭礼，与其敬不足而礼有余也，不若礼不足而敬有余也。"

季氏旅于泰山①。子谓冉有曰："女弗能救与②？"对曰："不能。"子曰："呜呼！曾谓泰山，不如林放乎③！"

---

①旅：祭名。礼，诸侯祭山川之在封内者，季氏祭之，非礼也。　　②救：止也。　　③言神不享非礼，林放尚知礼，岂泰山之神，反不如之。

子曰："君子无所争，必也射乎；揖让而升①，下而饮②，其争也君子。"

---

①升：升堂而射也。　　②下：射毕下堂也。饮：去声，罚酒也。射者皆毕而下堂，胜者再揖不胜者上堂饮酒受罚。

子夏问曰："'巧笑倩兮，美目盼兮，素以为绚兮。'①何谓也？"子曰："绘事后素。"②

曰：“礼后乎？”③子曰：“起予④者商也！始可与言《诗》已矣。”⑤

---

①此逸诗也。倩：笑貌。盼：动目貌。素：白也。绚：音喧，文貌。素以为绚：谓五采用于白色，使成文章也。　②绘：画也。后素：后于素也。犹人先有美质，然后加以文饰也。　③人必忠信，始讲礼仪，忠信犹素，礼犹绘也，子夏悟及此，故以礼后为问。　④起予：言启发我之志意。　⑤切磋琢磨，子贡因论学而知《诗》，礼后起予，子夏因论《诗》而知学，故皆可与言《诗》。

祭如在①，祭神②如神在。子曰：“吾不与③祭，如不祭。”④

---

①祭如在：言事死如事生。　②祭神：祭百神也。　③与：去声。　④祭时或未与祭，则此心缺然，虽祭如未祭。

王孙贾①问曰：“‘与其媚于奥，宁媚于灶’②，何谓也？”③子曰：“不然，获罪于天，无所祷也。”④

---

①王孙贾：卫大夫。　②此时人之言也。奥：室西南隅神。灶：据《月令》，夏所祭也。　③贾以奥喻近臣，以灶喻执政，贾执政者，故以时人之言感动孔子使媚己也。　④至尊无上者为

天，孔子以天喻君，谓如获罪于天，奥灶皆无所祷。

子曰：“《关雎》，乐而不淫，哀而不伤。”①

---

①《关雎》：《诗》首篇。乐而不淫，如“琴瑟友钟鼓乐”也；哀而不伤，如“寤寐思服转展反侧”也。哀乐不失其和，《关雎》尽之矣。

子谓《韶》：“尽美矣，又尽善也。”①谓《武》：“尽美矣，未尽善也。”②

---

①《韶》：舜乐，以圣德受禅，故尽美又尽善。　②《武》：武王乐，以征伐取天下，故尽美未尽善。

子曰：“居上不宽，为礼不敬，临丧不哀，吾何以观之哉！”①

---

①此讥时君也。

子曰：“能以礼让为①国乎，何有②！不能以礼让为国，如礼何③！”

---

①为：治也。　②何有：言治国不难。　③言礼终不行。

子曰："质胜文则野①，文胜质则史②。文质彬彬③，然后君子。"

---

①野：野人，言鄙略也。　②史：文书，言文多也。　③彬彬：文质相等之貌。

子曰："君子博学于文，约之以礼，亦可以弗畔①矣夫！"

---

①弗畔：不违道也。

子在齐闻《韶》，三月不知肉味，曰："不图为乐之至于斯也！"①

---

①所谓尽美尽善也。

子与人歌而善①，必使反之②，而后和之。

---

①善：谓其人歌善也。　②反：复也。

子曰："恭而无礼则劳，慎而无礼则葸①，勇而无礼则乱，直而无礼则绞②。君子③笃于亲，则民兴④于仁。故旧不遗⑤，则民不偷⑥。”

---

①葸（xǐ）：畏惧貌。　②绞：急切也。　③君子：指在上者。　④兴：起也。　⑤遗：遗忘。　⑥偷：薄也。

子曰：“兴于《诗》①，立于《礼》②，成于《乐》③。”

---

①兴：起也。《诗》所以起其善意。　②《礼》所以立身。　③《乐》所以成性。

子曰：“师挚之始①。《关雎》之乱②，洋洋乎盈耳哉③！”

---

①师挚：鲁乐师，名挚也。始者，乐之始。太师升歌，挚为太师，故云师挚之始也。　②乱：乐之终也，终于合乐也。《周南》有《关雎》《葛覃》《卷耳》三篇，《召南》有《鹊巢》《采蘩》《采蘋》三篇。而言《关雎》之乱者，举上以概下也。　③升歌言人，合乐言《诗》，洋洋盈耳，总叹其美也。

子曰：“吾自卫反鲁①，然后乐正，《雅》《颂》各得其所②。”

---

①鲁哀公十一年，冬，孔子自卫反鲁。　②先是道衰乐乱，

孔子乃正之。雅：正乐之歌，如《诗》之《大雅》《小雅》。乐章兼有舞容者为颂。各得其所：谓不紊乱也。

子曰："先进于礼乐，野人也①；后进于礼乐，君子也②。如用之③，则吾从先进。"

---

①先进：犹先辈，谓五帝以上也。野人：质朴之称。　②后进：犹后辈，谓三王以还也。君子：得时之称。孔子言以今人观古，古质而今文。　③用：谓用礼乐。

季路问事鬼神。子曰："未能事人，焉能事鬼！"曰："敢问死？"曰："未知生，焉知死！"①

---

①周孔之教，唯说现在，不明过去未来。子路之问事鬼神，是问过去也，问死，是问未来也，夫子答之如此，即谓宜就现在言。

棘子成①曰："君子质而已矣，何以文为？"

子贡曰："惜乎！夫子之说，君子也，驷不及舌②！文犹质也，质犹文也，虎豹之鞟，犹犬羊之鞟③。"

---

①棘子成：卫大夫。　②四马为驷。子贡言子成之言，固君子救世之意，然其言太过，言已出，虽驷马追之，不能及也。

③鞟（kuò）：皮去毛也。虎豹与犬羊别者，正以毛纹异耳，今若

去其毛而留其鞟，无以别虎豹与牛羊，故文质不可偏废。

子曰："诵诗三百，授之以政，不达；使于四方，不能专对；虽多，亦以奚为！"①

---

①移风易俗，诗理可通政事，故宜达，又得温厚和平之教，则使于四方，故能应对，不然，所学者，章句之末耳，虽读至三百之多，有何用乎。

陈亢问于伯鱼①曰："子亦有异闻乎②？"

对曰："未也。尝独立③，鲤趋而过庭。曰：'学《诗》乎？'对曰：'未也。''不学《诗》，无以言。'④鲤退而学《诗》。他日又独立，鲤趋而过庭。曰：'学《礼》乎？'对曰：'未也。''不学《礼》，无以立。'⑤鲤退而学《礼》。闻斯二者。"

陈亢退而喜曰："问一得三，闻《诗》，闻《礼》，又闻君子之远⑥其子也。"

---

①陈亢：孔子弟子，字子禽。伯鱼：孔子之子，名鲤。　②异闻者，所闻特异也，陈亢以伯鱼为夫子之子，疑夫子教之必更亲切也。　③独立：谓孔子。　④学《诗》则事理通达，心气和平，故能言。　⑤学《礼》则品节详明德性坚定故能立。　⑥司马光《家范》引此文说云："远非疏远之谓也，谓其进见有时，接

遇有礼，不朝夕嘻嘻相亵狎也；案古者命士以上，父子皆异宫，所以别嫌疑，厚尊敬也，一过庭须臾之顷，而学《诗》学《礼》，教以义方，所谓‘家人有严君’者，是之谓远。”

子之武城①，闻弦歌之声②。夫子莞尔③而笑曰：“割鸡焉用牛刀！”④

子游对曰：“昔者偃也闻诸夫子曰：‘君子学道则爱人，小人学道则易使也⑤。’”

子曰：“二三子，偃之言是也！前言戏之耳。”

---

①武城：鲁邑，故城在今山东费县西南。　②弦：琴瑟也。春秋时《礼》《乐》崩坏，弦诵不作，子游为武城宰，以《礼》《乐》为教，故孔子至而闻之。　③莞尔：小笑貌。　④言治小焉用大道。　⑤君子小人，以位言之。道：谓《礼》《乐》也。

子曰：“小子①何莫学夫诗？《诗》，可以兴②，可以观③，可以群④，可以怨⑤。迩之事父，远之事君⑥。多识于鸟兽草木之名⑦。”

---

①小子：弟子也。　②感发志意。　③考察风俗。　④和而不流。　⑤怨而不伤。　⑥学《诗》则近之可明为子之道，远之可明为臣之道。　⑦其绪余为博物之学，人饮食之宜，医药之备，必当识别，非可妄施，故知其名然后知其形，知其性，

《尔雅》皆专篇释之，神农《本草》亦详言其性之所宜用，其重要可知。

子谓伯鱼曰："女为《周南》《召南》矣乎？人而不为《周南》《召南》，其犹正墙面而立也与①！"

---

①为：犹学也。《周南》《召南》，《诗·国风》之始。《周南》《召南》，得淑女以配君子，三纲之首，王教之端，故人而不为，如以面正向墙而立，一物不见，寸步难行也。

子曰："礼云礼云，玉帛云乎哉！乐云乐云，钟鼓云乎哉！"①

---

①礼贵乎安上治民，乐贵乎移风易俗，玉帛钟鼓其末也。

子游曰："丧致乎哀而止。"①

---

①居丧，哀显则已。

观人篇

子曰："吾与回言终日，不违①如愚。退而省其私②，亦足以发③，回也不愚！"

①不违：意不相背也。　②私：谓燕居独处。　③发：谓发明所言之理。

子曰："视其所以①，观其所由②，察其所安③，人焉廋哉！人焉廋哉？④"

①以：为也。视其所为之善恶。　②观：比视为详。由：从也。观其意之所从来。　③察：则又详矣。察其心之所安。　④廋（sōu）：匿也。言观人终始，安所匿其情。

子曰："君子周而不比①，小人比而不周。"

①周：忠信为周。比（bǐ）：阿党也。

子曰："人之过也，各于其党①。观过，斯知仁矣。"②

---

①党：类也。　②人有过，因各从其类，君子过于厚，小人于薄，观此则人之仁不仁可知矣。

子曰："君子之于天下也，无适也①，无莫也②，义之与比③。"

---

①适（dí）：专主也，必欲如是也。　②莫：不肯也。③比（bì）：从也。

子曰："君子怀①德，小人怀土；君子怀刑，小人怀惠。"②

---

①怀：关心也。　②君子之思，明德畏刑，小人之思，有土有财，一转念间，公私自判。

子曰："放①于利而行，多怨。"

---

①放（fǎng）：依据。

子曰："君子喻①于义，小人喻于利。"

---

①喻：犹晓也。

子曰："见贤思齐焉，见不贤而内自省也[1]。"

---

①省：察也。

子谓公冶长[1]："可妻也[2]，虽在缧绁之中，非其罪也[3]。"以其子[4]妻之。

---

①公冶长：孔子弟子。　②妻：去声，以女为人妻也。③缧（lěi）：黑索。绁（xiè）：系也，所以拘系罪人。公冶长曾被拘囚，然系无罪被诬，故云非其罪。　④子：女子也。

子谓南容："邦有道，不废[1]；邦无道，免于刑戮。"以其兄[2]之子妻之。

---

①不废：言见任用也。　②兄：孔子兄孟皮也。

子使漆雕开[1]仕。对曰："吾斯之未能信[2]！"子说。

---

①漆雕开：孔子弟子。　②斯：谓仕进之道。未能信：没有信心。

子谓子贡曰："女与回也孰愈[1]？"对曰："赐也何敢望

回！回也闻一以知十，赐也闻一以知二。”

子曰：“弗如也，吾与女弗知也②。”

①愈：胜也。　②言吾与汝异口同声谓弗如也。

宰予昼寝。子曰：“朽木，不可雕也，粪土之墙①，不可杇也②，于予与何诛③！”

子曰：“始吾于人也，听其言而信其行；今吾于人也，听其言而观其行。于予与改是④。”

①粪土之墙：墙之以至劣材料所筑者。　②杇：泥工抹墙的工具叫杇，把墙壁抹平也叫杇。　③诛：责也。　④改是者，改此失也。宰予能言，孔子信之，至是始悟。《大戴礼·五帝德篇》：“子曰：‘吾以言语取人，于予邪改之。’”

子曰：“吾未见刚者。”或对曰：“申枨①。”子曰：“枨也欲②，焉得刚？”

①申枨：弟子姓名。　②欲：嗜欲也。刚乃纯凭天理，有欲，则理必绌矣，安得刚乎。

子贡问曰：“孔文子①何以谓之‘文’也？”子曰：“敏而好学，不耻下问②，是以谓之‘文’也。”

---

①孔文子：卫大夫，名圉。　②下问：问在己下之人。

季文子①三思而后行。子闻之，曰："再，斯可矣。"②

---

①季文子：鲁大夫，名行父。　②凡人意念未定时，再思则正，三思则他念起而反，惑矣，故曰再即可。

子曰："宁武子①邦有道则知，邦无道则愚。其知可及也，其愚不可及也。"②

---

①宁武子：卫大夫，名俞。　②国家太平时，便聪明；国家昏暗时，便装傻。聪明可及，装傻难效。

子曰："伯夷、叔齐，不念旧恶，怨是用希①。"

---

①希：少也。怨是用希：他人怨自稀少。

颜渊、季路侍。子曰："盍①各言尔志！"

子路曰："愿车马，衣②轻裘，与朋友共，敝之而无憾③。"④

颜渊曰："愿无伐⑤善，无施劳⑥。"⑦

子路曰："愿闻子之志！"

子曰："老者安之，朋友信之，少者怀之⑧。"⑨

---

①盍（hé）：何不也。　②衣：服之也。　③憾：恨也。④子路重伦轻利，不失任恤之道，义者之事也。　⑤伐：夸也。⑥施：张大之意。劳：谓有功。　⑦颜子劳而不伐，有功而不得，仁者之事也。　⑧怀：归也。　⑨夫子仁覆天下，教诫爱深，圣者之事也。

子曰："已矣乎①，吾未见能见其过而内自讼者也②！"

---

①已：止也。叹此事久不得也。　②讼：犹责也。言人有过，不内自责也。

子华使①于齐，冉子为其母请粟，子曰："与之釜②。"请益③，曰："与之庾④。"冉子与之粟五秉⑤。

子曰："赤之适齐也，乘肥马，衣轻裘，吾闻之也：'君子周急不继富⑥。'"

---

①使：夫子使之也。　②釜：六斗四升。　③益：加也。④庾：十六斗。　⑤秉：十六斛。　⑥周：济也，急：穷困也。继：续也。

原思为之宰①，与之粟九百②，辞。

子曰："毋！以与尔邻里乡党乎③！"

---

①原思：孔子弟子原宪，字子思。孔子为鲁司寇，以思为宰。②九百：九百斗也。　③五家为邻，五邻为里，万二千五百家为乡，五百为党。

季氏使闵子骞为费宰。闵子骞曰："善为我辞焉！如有复我者①，则吾必在汶上矣②。"

---

①复我：重来召我也。　②汶：水名，在齐南境。言将逃出鲁境，盖不愿臣季氏也。

伯牛①有疾，子问之，自牖②执其手，曰："亡之③，命矣夫！斯人也而有斯疾也！斯人也而有斯疾也④！"

---

①伯牛：孔子弟子，姓冉，名耕。　②牖：窗也。　③亡：丧也。　④再言斯人有斯疾，痛之甚也。盖伯牛之疾已危矣。

子曰："贤哉，回也！一箪食①，一瓢②饮，在陋巷，人不堪其忧，回也不改其乐，贤哉，回也！"

---

①箪（dān）：盛饭竹器。食：去声，饭也。　②瓢：剖瓠

为之，因所以拒水。

冉求曰：“非不说子之道，力不足也。”子曰：“力不足者，中道而废。今女画①。”

---

①画：止也。言力不足者，当中道而废，今汝自止耳，非力尽也。

子谓子夏曰：“女为君子儒，无为小人儒！”①

---

①君子之儒，所以明道；小人之儒，所以矜名。

子游为武城宰，子曰：“女得人焉尔乎？”①曰：“有澹台灭明者②，行不由径③；非公事，未尝至于偃④之室也。”

---

①言曾在武城得有人才否。　②澹台，姓，灭明，名，字子羽。　③径：小路也。　④偃：子游。

子曰：“孟之反不伐①，奔而殿②，将入门③，策其马，曰：‘非敢后也，马不进也④。’”

---

①孟之反：鲁大夫，名侧。伐：夸功也。　②奔：败走也。殿：在军后挡敌也。　③谓已护军而归。　④孟之反不欲自诩

其殿护之功，故言己之在后，为马不进之故。事在鲁哀公十一年。

子曰：“不有祝鮀之佞①，而有宋朝之美②，难乎免于今之世矣！”③

①祝鮀：卫大夫，字子鱼，有口才。　②朝：宋公子，有美色。　③言当世好佞悦美，非此难免也。

子曰：“圣人，吾不得而见之矣，得见君子者斯可矣。”

子曰：“善人，吾不得而见之矣，得见有恒者斯可矣。亡①而为有，虚而为盈，约而为泰，难乎有恒矣②！”

①亡：与“无”同。　②三者皆虚夸之事，小人之行，君子有恒，小人则无恒也。

子曰：“文，莫吾犹人也①。躬行君子，则吾未之有得。”②

①文：文章也。莫：疑辞。犹人：不异于人。　②文空而行实，故行难。此孔子谦辞也。

子曰：“君子坦荡荡①，小人长戚戚②。”

---

①坦：安也。荡荡：宽广貌。　　②戚戚：忧惧貌。

子曰："好勇疾①贫，乱也。人而不仁，疾之已甚②，乱也。"

---

①疾：恶之也。　　②谓疾不仁者过甚也。

子曰："如有周公之才之美①，使骄且吝②，其余不足观也已。"

---

①周公：名旦，周武王弟，武王殁，相成王，天下称治。才美，谓智能技艺之美。　　②周公一沐三握发，一饭三吐哺，以待天下之士，即为其不骄吝之证。

子曰："吾未见好德如好色者也！"①

---

①孔子居卫，灵公与夫人同车，使孔子为次乘，招摇过市，孔子丑之，故为是言。

子曰："法语之言①，能无从乎？改之为贵。巽与之言②，能无说乎？绎③之为贵。说而不绎，从而不改，吾末如之何也已矣！"④

①法语之言：正言也。　②巽与之言：委婉劝导之言也。　③绎：引其端绪而穷之也。　④《淮南子·原道训》："故听善言便计，虽愚者知说之，称至德高行，虽不肖者知慕之，说者众而用者鲜，慕者多而行者寡所以然者，何也？不能反诸性也。"

子曰："三军可夺帅也，匹夫不可夺志也。"①

①三军之勇在人，匹夫之志在己，故帅可夺，而志难夺。

子曰："衣敝缊袍①，与衣狐貉②者立，而不耻者，其由也与！'不忮不求，何用不臧。'③"

子路终身诵之④。子曰："是道也，何足以臧？"⑤

①缊袍：以旧絮或碎麻着于其中，粗陋之衣也。　②貉：兽名，似狸，其皮可为裘，甚昂贵。　③《诗·卫风·雄雉》语，孔子引之以美子路。忮（zhì）：嫉妒。求：贪也。臧：善也。言不生忌害心及贪求心，何所用而不善者。　④终身诵之：常诵之也。　⑤道无止境，故夫子复警之。

子曰："岁寒，然后知松柏之后凋也！"①

①此喻君子有晚节也，所谓士穷乃见节义，世乱文识忠良。

子曰："可与共学，未可与适道；可与适道，未可与立；可与立，未可与权①。"

---

①权：变通不拘泥之意。

子曰："回也，非助我者也①！于吾言无所不说②。"③

---

①助我：犹起予。　②说：同"悦"。　③此章当与吾与回言终日章参看。

南容三复白圭①，孔子以其兄之子妻之。

---

①《诗·大雅·抑》篇曰："白圭之玷，尚可磨也，斯言之玷，不可为也。"南容读诗至此，三反覆之，意在慎言也。

子贡问："师与商也孰贤？"子曰："师也过，商也不及。"①曰："然则师愈与？"子曰："过犹不及。"②

---

①子张才高意广好为苟难，故常过中，子夏笃信谨守，规模狭隘，故常不及。　②贤智之过，愚不肖之不及，其失中一也。

季氏富于周公，而求也为之聚敛而附益之①。子曰："非吾徒也！小子鸣鼓而攻之②，可也！”

---

①冉求为季氏宰。　②鸣鼓而攻：声其罪而责之也。

子曰：“回也，其庶乎①！屡空②。赐不受命，而货殖焉③，亿则屡中④。”

---

①言其庶几圣道。　②空：去声，匮乏也。言回屡遭穷困，而绝不动心，故能几圣。　③赐不顺受天命，而生殖财货。④亿：度也。中：去声。言其亿度常中也。

子路、曾皙①、冉有、公西华侍坐。

子曰：“以吾一日长乎尔，毋吾以也②。居则曰‘不吾知也③，’如或知尔，则何以哉④？”

子路率尔⑤而对曰：“千乘之国，摄⑥乎大国之间，加之以师旅⑦，因之以饥馑⑧，由也为之，比及三年，可使有勇，且知方也⑨。”

夫子哂之⑩。

“求！尔何如？”

对曰：“方六七十⑪，如⑫五六十，求也为之，比及三年，可使足民。如其礼乐，以俟君子⑬。”

“赤！尔何如？”

对曰：“非曰能之，愿学焉。宗庙之事⑭，如会同⑮，端章甫[16]，愿为小相焉[17]。”

“点！尔何如？”

鼓瑟希[18]，铿尔[19]，舍瑟而作[20]，对曰：“异乎三子者之撰[21]。”

子曰：“何伤乎！亦各言其志也。”

曰：“莫春者[22]，春服[23]既成，冠者[24]五六人，童子六七人，浴乎沂[25]，风乎舞雩[26]，咏而归。”

夫子喟然叹曰：“吾与点也[27]！”

三子者出，曾皙后。曾皙曰：“夫三子者之言何如？”

子曰：“亦各言其志也已矣。”

曰：“夫子何哂由也？”

曰：“为国以礼，其言不让[28]，是故哂之。”

“唯求则非邦也与？”[29]

“安见方六七十，如五六十，而非邦也者？”

“唯赤则非邦也与？”

“宗庙会同，非诸侯而何？赤也为之小，孰能为之大？

---

①曾皙：曾参父，名点，亦孔子弟子。　②长：上声。言毋以我稍长于尔等而拘束不言也。　③言尔等平居常云人不知己。　④言如或有人知尔等，则以何为用。　⑤率尔：轻遽貌。　⑥摄：迫也。　⑦二千五百人为师，五百人为旅。　⑧因：仍也。谷不熟曰“饥”；菜不熟曰“馑”。　⑨方：向也。谓知向义。　⑩哂：微笑也。　⑪方六七十里，小国也。　⑫如：犹或也。

⑬俟君子：言非己所能。　⑭宗庙之事：谓祭祀。　⑮会同：谓两君想见。　⑯端：玄端服。章甫：礼冠。　⑰小：谦辞。相：去声，赞襄之人也。言服礼服礼冠而为之相。　⑱当三子答问时，点方鼓瑟，及孔子问及，方渐止鼓。　⑲铿尔：瑟声也。⑳作：起也，起而对也。　㉑撰：具也。犹事也。　㉒莫：暮；暮春：季春也。　㉓春服：单袷之衣。　㉔冠者：成人之称，二十岁以上人也。　㉕沂：水名，出今山东邹县西北，又名西沂河，西流经曲阜合洙水入泗。　㉖风：当风也。舞雩：见前。　㉗与：取也。取其志也。　㉘其辞气间不谦抑也。㉙然则求所言非指一国乎。

子曰："君子成人之美，不成人之恶。小人反是。"

子曰："君子和而不同，小人同而不和。"①

①和因义起，同由利生，此君子小人所异也。

子贡问曰："乡人皆好之，何如？"①子曰："未可也。""乡人皆恶之，何如？"②子曰："未可也。不知乡人之善者好之，其不善者恶之。"③

①言乡人皆好之，被好者可信为善人否。　②言乡人皆恶之，被恶者已可信为善人否。　③言其人为乡人之善者所好，为

不善者所恶，始可信为善人矣。

子曰：“君子泰而不骄①，小人骄而不泰。”

---

①泰：安舒也。骄：矜肆也。

子曰：“士而怀居①，不足以为士矣！”

---

①怀居：如求田问舍之类。

子曰：“晋文公谲而不正①，齐桓公正而不谲②。”③

---

①晋文公：名重耳。谲：诈也。文公以臣召君，《春秋》书曰：“天王狩于河阳。”是谲而不正也。　②齐桓公：见前。桓公伐楚，以公义责包茅之贡不入，问昭王南征不还，是正而不谲也。　③杨慎《丹铅录》曰：“文公之功，多于桓公，罪亦多于桓公，《春秋》不以功盖罪，桓公得江黄，不用以伐楚，文公则谓非致秦不足与楚争，楚抑而秦兴矣；桓公会则不迩三川，盟则不加王人，文公会于畿内则伉矣，盟于虎则悖矣；桓公宁不得郑，不纳子华，惧其奖臣抑君，不可为训，文公为元咺执卫侯，则纲常于是废矣；观此则夫子正谲之论至矣；孟子独表桓公五禁，而不及晋文，可知文非桓匹，非予一人之私言也。”

子曰："君子上达①，小人下达②。"

---

①君子循天理，故日进乎高明。　②小人徇人欲，故日就乎污下。

子曰："古之学者为①己，今之学者为人。"②

---

①为：去声；下同。　②《荀子·劝学篇》："君子之学也，入乎耳，着乎心，布乎四体，形乎动静，端而言，蠕而动，一可以为法则小人之学也，入乎耳出乎口，口耳之间则四寸耳，曷足以美七尺之躯哉。"又云"君子之学也，以美其身，小人之学也，以为禽犊"。其说与此章义合。

子曰："君子耻其言而过其行①。"②

---

①耻其言：以空言为耻，不妄说也。过其行：努力向前，不落后也。　②此与言之不出耻躬不逮语同意。《礼·杂记》："有言而无其行，君子耻之。"《表记》："君子耻有其辞而无其德，有其德而无其行。"皆此章意。

子曰："可与言而不与之言，失人；不可与言而与之言，失言。知者不失人，亦不失言。"

子曰："人无远虑，必有近忧。"①

①《易·既济》象辞："君子以思患而豫防之。"《荀子·大略篇》："先事虑事先患虑患，先事虑事谓之接，接则事优成，先患虑患谓之豫，豫则祸不生，事至而后虑者谓之后，后则事不举，患至而后虑者谓之困，困则祸不可御。"皆言人宜远虑也。

子曰："躬自厚，而薄责于人，则远怨矣。"

子曰："不曰'如之何，如之何'者①，吾未如之何也已矣②！"

①如之何如之何者，熟思而审处之辞也。　②不审慎而妄行，即无如之何矣。

子曰："群居终日，言不及义，好行小慧①，难矣哉②！"

①小慧：小智也。　②难矣哉：言终无成。

子曰："君子求①诸己，小人求诸人。"②

①求：犹责也。　②君子责己，小人责人。

子曰："君子矜①而不争，群而不党。"②

---

①矜：矜庄也。　②矜易于争，群易于党，君子无此弊。

子曰："君子不以言举人①，不以人废言②。"

---

①有言者不必有德，故不以言举人。　②无德者亦有善言，故不以人废言。

子曰："吾之于人也，谁毁谁誉？如有所誉者，其有所试矣①。斯民也，三代之所以直道而行也②。"

---

①毁者，称恶失真；誉者，扬善过实，夫子不毁誉人，所誉必曾经试验者，非虚誉也。　②三代：夏、商、周也。言我对斯民，亦本三代之直道而行。

子曰："巧言乱德。小不忍①，则乱大谋。"

---

①小不忍：如妇人之仁匹夫之勇是。

子曰："众恶之，必察焉；众好之，必察焉。"①

---

①《管子·明法解》："乱主不察臣之功劳，誉众者则赏之，

不审其罪过，毁众者则罚之，如此则邪臣无功而得赏，忠臣无罪而有罚。”又云：“如此则憝原之人失其战，而廉洁之吏失其治，故《明法》曰：‘官之失其治，是主以誉为赏，而以毁为罚也。’”

子曰：“过而不改，是谓过矣。”①

---

①《韩诗外传》载孔子之言曰：“过而改之，是不过也。”

子曰：“君子不可小知，而可大受也；小人不可大受，而可小知也。”①

---

①人尽其才是谓。《淮南子·主术训》：“是故有大略者，不可责以捷巧，有小智者，不可任以大功，人有其才，物有其形，有任一而太重，或任百而尚轻；是故审毫厘之计者，必远天下之大数，不失小物之选者，惑于大数之举，譬犹狸之不可使搏牛，虎之不可使搏鼠也。”

孔子曰：“益者三乐，损者三乐；乐节①礼乐，乐道②人之善，乐多贤友，益矣。乐骄乐，乐佚游，乐宴乐，损矣③。”

---

①节：谓辨其制度声容之节。　②道：说也。　③礼乐之乐如字；骄乐宴乐之乐音洛；余皆音咬，喜好也。

孔子曰："侍于君子有三愆①：言未及之而言谓之躁②；言及之而不言谓之隐③；未见颜色而言谓之瞽④。"

---

①侍于君子：言侍君子之时也。愆（qiān）：过也。　②躁：疾也。　③隐：匿也。　④瞽：盲目。

孔子曰："君子有三戒：少之时，血气未定，戒之在色；及其壮也，血气方刚，戒之在斗；及其老也，血气既衰，戒之在得①。"②

---

①得：贪得也。　②《淮南子·铨言训》"凡人之性，少则猖狂，壮则强暴，老则好利"，本此章义。

孔子曰："君子有九思：视思明，听思聪，色思温，貌思恭，言思忠，事思敬，疑思问，忿思难①，见得思义。"

---

①难：去声，一朝之忿，忘其身以及其亲，是即难也。

孔子曰："'见善如不及，见不善如探汤。'①吾见其人矣，吾闻其语矣。'隐居以求其志，行义以达其道。'吾闻其语矣，未见其人也。"②

①此盖古语也。探沸汤则手烂，喻戒惧之意。　②蘧伯玉寡过知非，颜渊不迁怒，不贰过，乃见善如不及，见不善如探汤也，然一则邦有道则仕，邦无道则卷而怀之，一则用行舍藏，则又成为隐居求志行义达道矣；而夫子叹为未见其人者，因伯玉独善于身，颜渊不幸早死也。

子曰："性相近也，习相远也。"①

①凡属赤子，皆诚一无伪，及长，遂因习惯不同而有善恶之分矣，孔子曰："少成若天性，习惯如自然。"即此章之义也。

子曰："唯上知与下愚不移。"①

①人性相近，然亦有美恶一定而非习所能移者。此承上章而言也。

子曰："色厉而内荏①，譬诸小人②，其犹穿窬③之盗也与！"④

①厉：威严也。荏（rèn）：柔也。色厉内荏，外威严而内怯弱也。　②小人：细民也。　③穿：穿壁。窬（yú）：逾墙。④言其外示严正，内藏诈伪，以细民之类譬之，犹穿壁逾墙之盗耳。

子曰："饱食终日，无所用心，难矣哉！不有博弈①者乎？为之犹贤乎已②！"

---

①博：局戏。弈：围棋。　②已：止也。言博弈之人，犹贤于不用心者。

子路曰："君子尚①勇乎？"子曰："君子义以为上。君子有勇而无义为乱，小人有勇而无义为盗。"②

---

①尚：尊也，贵也。　②子路好勇，故孔子言此以救之。

子贡曰："君子亦有恶乎？"子曰："有恶：恶称人之恶①者，恶居下流而讪上者②，恶勇而无礼者，恶果敢而窒者③。"

曰："赐也，亦有恶乎？""恶徼④以为知者，恶不孙以为勇者，恶讦⑤以为直者。"

---

①本章惟此恶如字，余皆读好恶之恶。　②下流：下位。讪（shàn）：毁谤也。　③窒：不通事理。　④徼（jiào）：伺察也。孙：同"逊"。　⑤讦（jié）：揭人阴私也。

子夏曰："小人之过也，必文①。"②

---

①文：去声，文饰也。 ②孟子云："且古之君子，过则改之，今之君子，过则顺之……今之君子，岂徒顺之，又从为之辞。"

子夏曰："君子有三变：望之俨然①；即之也温②；听其言也厉③。"

---

①俨然：貌之庄。 ②温：色之和。 ③厉：辞之确。

子贡曰："纣之不善，不如是之甚也。是以君子恶居下流①，天下之恶皆归焉。"

---

①下流：众流所归之处，喻恶名之所聚也。

子贡曰："君子之过也，如日月之食焉：过也，人皆见之；更也①，人皆仰之②。"③

---

①更：平声，改也。 ②仰：仰望也。 ③日月之食，无伤于明，君子之过，无害于德。

子曰："不知命，无以为君子也①；不知礼，无以立也；不知言，无以知人也②。"

①孔子曰："死生有命，富贵在天。"孟子曰："莫之为而为者，天也；莫之致而至者，命也。"利不可妄求害不可苟避，皆有命焉，知乎此，则举措皆依理而行，自成君子矣。　②有德必有言，有言不必有德，惟在听者辨之而已。

孔子言行篇

子禽①问于子贡曰："夫子之至于是邦也，必闻其政②，求之与？抑与之与③？"

子贡曰："夫子温、良、恭、俭、让以得之④。夫子之求之也，其诸⑤异乎人之求之与！"⑥

---

①子禽：即陈亢也。　②言夫子每至一国，必能闻其国政。③言夫子求而闻之乎，抑其国自愿与闻之。　④温：和也。良：爽直也。得：得闻其政也。　⑤其诸：语辞。　⑥言夫子以五德自然得之，与他人之求得者异。

子曰："吾十有五而志于学，三十而立①，四十而不惑②，五十而知天命③，六十而耳顺④，七十而从心所欲，不逾矩⑤。"

---

①立者，事理尽明，不为外象所摇动也。　②一切事物，皆确知其定理，如何处置，了然无疑也。　③穷理尽性而知命。④顺：通也。言凡有所闻，即悟其至理，声入心通，无庸思索矣。⑤谓经权皆合法。

子曰："参乎，吾道一以贯之①。"曾子曰："唯②。"子出，门人问曰："何谓也？"曾子曰："夫子之道，忠恕而已矣③。"

---

①贯：通也。言以一理通万事。　②唯：速应无疑也。③忠恕之道，即一以贯之之道，忠恕而行，无事不可通。

子贡曰："夫子之文章，可得而闻也①；夫子之言性与天道，不可得而闻也②。"

---

①文章：谓《诗》《书》《礼》《乐》也。夫子四教，首在于文，颜子亦言博我以文，此群弟子所以得闻也。　②言性与天道者，莫如《易》，孔子晚而喜《易》，惟子夏、商瞿得传是学，故子贡有性与天道，不可得闻之言也。

子曰："巧言，令色①，足恭②，左丘明耻之③，丘亦耻之。匿怨而友其人，左丘明耻之，丘亦耻之。"

---

①令色：见前。　②足（jù）：过也。足恭：过于恭敬，将进趍趄之貌。　③左丘明：鲁太史，即传春秋者。耻：耻为之也。

子曰："'述而不作，信而好古。'①窃比于我老彭②。"③

---

①二语为成语。述：传述也。作：创作也。　②老彭：商贤大夫。一说即老子；一说老为老子，彭为彭祖，乃二人也。未知孰是。　③孔子删《诗》《书》，定《礼》《乐》，赞《周易》，修《春秋》，未尝有所作也。

子曰："默而识之①，学而不厌，诲人不倦，何有于我哉！"②

---

①识（zhì）：牢记不忘也。　②此孔子谦辞。

子曰："德之不修，学之不讲，闻义不能徙，不善不能改，是吾忧也。"①

---

①此亦孔子谦辞。

子曰："甚矣，吾衰也！久矣，吾不复梦见周公！"①

---

①读此可知孔子壮盛时，因欲行周公之道，常梦寐见之。

子食于有丧者之侧，未尝饱也。

子于是日哭则不歌①。

---

①孔子在这一天哭泣过，就不再唱歌。

子谓颜渊曰："用之则行，舍之则藏，惟我与尔有是夫。"①

子路曰："子行三军②则谁与？"③

子曰："暴虎冯河，死而无悔者，吾不与也④；必也临事而惧，好谋而成者也。"

---

①孟子称孔子可以仕则仕，可以止则止，颜子几于圣人，故亦能之。　②万二千五百人为军，大国三军。　③子路见孔子称颜渊，以为若言武事，舍己莫属矣。　④暴虎：徒搏。冯（píng）河：徒涉。轻舍其生，乃莽夫耳，故孔子不敢。

子曰："富而可求也，虽执鞭之士①，吾亦为之；如不可求，从吾所好②。"③

---

①执鞭：贱职也。　②好：好古人之道。　③此言富贵有命，不可强求。

子之所慎：齐①，战，疾。

---

①齐：同“斋”。

子曰：“饭疏食，饮水，曲肱而枕之①，乐亦在其中矣；不义而富且贵，于我如浮云。”

---

①饭：上声，食之也。疏食：粗饭也。肱：臂也。饭疏饮水，孔子食无求饱。曲肱而枕，孔子居无求安也。

子曰：“加①我数年，五十以学《易》，可以无大过矣。”②

---

①加：《史记》作“假”。假者，宽也。 ②《史记·孔子世家》载孔子晚而喜《易》序《彖系象说卦文言》，读《易》韦编三绝，曰：“假我数年，若是，我于《易》则彬彬矣。”

子所雅言①，《诗》《书》，执《礼》②，皆雅言也③。

---

①雅言：正言也。 ②《礼》不诵，故言执。 ③《诗》《书》《礼》为先王典法，读必正言其音而义全，故不可有所讳。

叶公问孔子于子路，子路不对①。

子曰：“女奚不曰：‘其为人也，发愤忘食，乐以忘忧，不知老之将至云尔②。’”

---

①子路以孔子道德高深，叶公不足与言，故不对。　②发愤忘食：谓好学不厌也。乐以忘忧：谓乐道不忧贫也。不知老之将至：谓忘身之老，自强不息也。

子曰："我非生而知之者，好古敏①以求之者也。"

---

①敏：勉也。

子不语：怪、力、乱、神①。

---

①怪：怪异也。力：如奡荡舟乌获举千钧之属。乱：谓臣弑君，子杀父。神：谓鬼神之事。或无益于教化，或所不忍言。

子曰："三人行①，必有我师焉，择其善者而从之，其不善者而改之②。"

---

①三人：己亦在其中同行也。　②从其善者师之也，见其不善者，因以自改，亦师之也。

子曰："天生德于予，桓魋①其如予何！"②

---

①桓魋（tuí）：宋司马向魋也，为宋桓公之族，故称，曾以为乱被逐。　②孔子去卫，过曹，适宋，与弟子习礼大树下，魋欲杀孔子，拔其树。孔子去，弟子曰："可以速矣！"孔子曰："天生德于予，桓魋其如予何！"

子钓而不纲①，弋不射宿②。

---

①纲：以大绳作网，绝流而渔者。　②弋：以生丝系矢而射也。宿：宿鸟。

互乡①难与言，童子见②，门人惑③。

子曰："人洁己以进，与④其洁也。不保其往也⑤，与其进也。不与其退也⑥，唯何甚⑦！"⑧

---

①互乡：乡名。　②见：读如现。　③乡有恶习，而夫子见其童子，故门人惑之。　④与：许也。　⑤保其往日所为之善恶。　⑥许其进而从善，不许其退而为不善。　⑦唯何甚：言何必为已甚。　⑧一本，"人洁己"三句在后，疑错简。孟子尝言："往者不追，来者不拒，苟以是心至，斯受之而已矣。"与此章同义。

陈司败①问："昭公②知礼乎？"孔子曰："知礼。"

孔子退，揖巫马期而进之③，曰："吾闻君子不党④，君子亦党乎？君取于吴为同姓，谓之吴孟子⑤，君而知礼，孰不知礼？"

巫马期以告。子曰："丘也幸，苟有过，人必知之。"⑥

---

①陈司败：陈之司寇也。　②昭公：鲁君，名稠。　③揖：司败揖也。巫马：姓，期字，孔子弟子，名施。　④相助匿非曰"党"。　⑤取：同"娶"。昭公娶于吴，鲁、吴俱姬姓。礼，同姓不婚，故讳曰孟子。　⑥讳国君恶，礼也，孔子不能斥君之过，故自承之。

子曰："若圣与仁，则吾岂敢？抑为之不厌，诲人不倦，则可谓云尔已矣。"公西华曰："正惟弟子不能学也。"①

---

①《孟子》："昔者子贡问于孔子曰：'夫子圣矣乎？'孔子曰：'圣则吾不能，我学不厌而教不倦也。'子贡曰：'学不厌，智也，教不倦，仁也。仁且智，夫子既圣矣。'"与此章义相发。

子疾病，子路请祷①。子曰："有诸？"子路对曰："有之，诔曰②：'祷尔于上下神祇。'"③子曰："丘之祷久矣④。"⑤

---

①祷：祷于鬼神。　②诔（lěi）：祷篇名。　③上下：谓

天地。天曰神，地曰祇。　④孔子素行合于神明，故曰丘之祷久矣。　⑤《困学纪闻》云：“孔子病，子贡出卜。孔子曰：‘子待也！吾坐席不敢先居处若斋，食饮若祭，吾卜之久矣。’”可与此节参看。

子温而厉，威而不猛，恭而安①。

---

①温和而严厉，有威仪而不凶猛，庄严而安详。圣人全体浑然，其中和之气，见于容貌间者如此。

子罕言①利，与命，与仁。

---

①罕：希也。罕言：间亦言之，惟不常言耳，非不言也。

达巷党人①曰：“大哉孔子，博学而无所成名！”②子闻之，谓门弟子曰：“吾何执③？执御乎？执射乎？吾执御矣④。”

---

①达巷：地名。达巷党人：人之别字，姓名不传；或云项橐也。②以其博学，无一专长可名，致不见称于世为惜。　③执：专执一艺也。　④御为艺之易者，夫子因人誉己，承之以谦也。

子绝四：毋意，毋必，毋固，毋我。①

---

①此章当与无适无莫无可无不可等处句参看。《庄子·存与》云："智毋意，先觉也。义毋必，义之与比也。礼毋固，时中也，仁毋我，与人为善也。"

子畏于匡①。

曰："文王既没，文不在兹乎②！天之将丧③斯文也，后死者不得与于斯文也④，天之未丧斯文也，匡人其如予何！"

---

①畏：拘囚。匡：地名。阳虎曾暴于匡，夫子貌似阳虎，行至其地，匡人误以为虎而围之。　②言文王虽死，文尚在兹，即孔子自任。　③丧：去声，亡也。　④后死者：孔子自谓。与：去声，预知也。

太宰①问于子贡曰："夫子圣者与？何其多能也！"②子贡曰："固天纵③之将圣，又多能也。"④

子闻之，曰："太宰知我乎？吾少也贱，故多能鄙事。君子多乎哉？不多也⑤。"

---

①太宰：官名，吴太宰也。　②太宰以多能为圣。　③纵：放也。　④言天固纵之将圣，多能乃其余事。　⑤言由少贱，故多能者鄙事，而鄙事非君子所重也，此夫子谦辞。

牢[1]曰："子云：'吾不试[2]，故艺。'"[3]

---

①牢：孔子弟子，姓琴，字子开。　②试：用也。　③言孔子自云我不见用，故多技艺。

子曰："吾有知乎哉？无知也。有鄙夫问于我，空空如也[1]。我叩其两端而竭焉[2]。"

---

①空空：犹悾悾，诚恳也。　②叩：问也。两端：谓众论不同之极致，中庸所谓执其两端也。竭：尽也。

子见齐衰者[1]、冕衣裳者[2]与瞽者，见之，虽少，必作[3]；过之，必趋[4]。

---

①齐衰（zī cuī）：丧服也。　②冕而衣裳，贵者之服。③少：年少也，指上三者言。作：起也。　④趋：疾行也。此孔子哀有丧，尊在位，恤废疾也。

颜渊喟然[1]叹曰："仰之弥高，钻之弥坚[2]！瞻之在前，忽焉在后[3]！夫子循循然善诱人[4]，博我以文[5]，约[6]我以礼，欲罢不能。既竭吾才，如有所立，卓尔[7]。虽欲从之，末由也已[8]。"[9]

---

①喟然：叹声。　②仰弥高，钻弥坚，言不可穷尽。　③在前在后，言难以形容。　④循循：次序貌。诱：引进也。　⑤博：开博也。文：谓礼乐制度也。　⑥约：节约也。　⑦卓尔：立貌。　⑧末：无也。　⑨言罢既不能，而我才已竭，犹无从及夫子之所立也。

子贡曰："有美玉于斯，韫椟而藏诸①？求善贾而沽诸②？"子曰："沽之哉！沽之哉！我待贾者也③。"

---

①韫：藏也。椟：匣子。　②贾：同"价"。沽：卖也。③再言沽之哉，以示必卖。言所以隐而不出者，待善价耳。

子欲居九夷①。或曰："陋，如之何？"子曰："君子居之，何陋之有②！"

---

①东方之夷有九种。欲居之者，以中国道不行而将他适也。②意谓君子所居即陋无害也。

子曰："出则事公卿①，入则事父兄②，丧事不敢不勉③，不为酒困④，何有于我哉！"

---

①恭敬公卿。　②孝弟父兄。　③家虽贫，丧事须勉尽心

力。　　④宴会须有节制。

孔子于乡党[1]，恂恂如也[2]，似不能言者。

其在宗庙朝廷，便便[3]言，唯谨尔[4]。

---

①于乡党：在乡里戚族中也。　　②恂恂（xún）：温恭貌。　③便便：辨也。　　④言措词仍谨慎也。

食不厌精[1]，脍[2]不厌细。

食饐而餲[3]，鱼馁而肉败[4]，不食。色恶，不食。臭[5]恶，不食。失饪[6]，不食。不时[7]，不食。

割不正[8]，不食。不得其酱[9]，不食。

肉虽多，不使胜食气[10]。

惟酒无量，不及乱[11]。

沽[12]酒，市脯[13]，不食[14]。

不撤姜食[15]，不多食。

---

①食（cì）：饭也。精：不糙也。　　②脍：切肉为丝也。　③饐（yì）：食物腐败变味。餲（ài）：食物经久而变味。　④鱼烂曰馁，肉腐曰败。　　⑤臭：味也。　　⑥失饪：烹调失生熟之节。　　⑦不时：如五谷不时果实未熟之类。　　⑧割不正：肉割不成正块也。　　⑨不得其酱：言肉无酱为配和也。　　⑩食气：五谷之气。言不多食肉，使胜饭气。　　⑪乱：饮过多而失常度也。

⑫沽：买也。　⑬市：买也。脯：干肉。　⑭恐其不洁，故不食。　⑮姜：能通神明，去秽恶，故食不撤去。

祭于公，不宿肉①。祭肉不出三日②，出三日，不食之矣。

---

①助祭于公，所得胙肉，归即颁赐，不留神惠。　②家祭之肉，则在三日内食之，恐过此而败，致不可食。

食不语，寝不言①。虽疏食②菜羹，瓜祭③，必齐如也④。席不正，不坐。

---

①食寝皆非言语时也。　②食：读如饲；疏食：粗饭。③瓜：当作“必”。祭：祭始为饮食之人，古人饮食，必各取少许以祭之。　④齐：同“斋”。言其敬也。

子曰：“从我于陈、蔡者①，皆不及门也②。”

---

①先是孔子将如楚，陈蔡之人发徒围之，绝粮七日，弟子之从也，至病不能兴。　②言弟子之从我同厄于陈蔡者，皆不及仕进之门而失所也；或以不及门作不在门下解。

德行：颜渊、闵子骞、冉伯牛、仲弓。言语：宰我、子贡。政事：冉有、季路。文学：子游、子夏。①

---

①此段为门人所记，但似与上文不属，盖孔子在陈蔡时，颜渊已殁也。

颜渊死，子曰："噫！天丧予①！天丧予！"

---

①丧予者，伤传道无人，谓若丧己也。

颜渊死，子哭之恸①。从者曰："子恸矣②！"曰："有恸乎？非夫人③之为恸而谁为！"

---

①恸：哀过也。　②孔子不自知己之哀过。　③夫：读如无。夫人：谓颜渊也。

子路曰："卫君①待子而为政，子将奚②先？"

子曰："必也正名乎③！"

子路曰："有是哉，子之迂也④！奚其正？"

子曰："野哉⑤由也！君子于其所不知，盖阙如也⑥。名不正，则言不顺；言不顺，则事不成⑦；事不成，则礼乐不兴；礼乐不兴，则刑罚不中⑧；刑罚不中，则民无所措手足⑨。故君子名之必可言也，言之必可行也。君子于其言，无所苟而已矣⑩。"

---

①卫君：即出公辄也。　②奚：何也。　③出公不父其

父，名实紊矣，故孔子以正名为先。　④迂：疏远也。　⑤野：鄙俗也。　⑥疑者阙之，不妄断也。此责由未能阙疑。　⑦言不顺，则行亦不顺，事何由成。　⑧中：去声。礼乐不兴，而徒尚刑罚，则民苦矣。　⑨措：置也。无所措手足：言动皆获罪也。　⑩名必正，方可言，言必顺，方可行，是以君子出言不苟。

子曰："苟有用我者，期月而已可也①，三年有成。"

---

①期（jī）月：周一岁之月。可者，仅辞。

子曰："莫我知也夫！"

子贡曰："何为其莫知子也？"子曰："不怨天，不尤①人，下学而上达②。知我者其天乎③！"

---

①尤：非也。　②下学：学人事。上达：达天命。　③圣人与天地合其德，故曰惟天知己也。

子路宿于石门①。晨门②曰："奚自？"③子路曰："自孔氏。"曰："是知其不可而为之者与④？"

---

①石门：地名。　②晨门：掌晨启门者。　③奚自：从何来也。　④言即知世事不可为而强为之者乎。

子击磬于卫，有荷蒉[①]而过孔氏之门者，曰："有心哉，击磬乎！"

既而曰："鄙哉，硁硁乎[②]！莫己知也，斯已而已矣。'深则厉，浅则揭[③]。'"

子曰："果哉[④]！末之难矣[⑤]！"

---

①荷（hè）：担。蒉（kuì）：盛土草包。　②硁硁（kēng）：石声，有坚确之意。　③二句见《诗·邶风·匏有苦叶》。厉：以衣涉水也。揭（qì）：撩衣涉水也。此讥孔子不知因应也。④果：敢也。谓其未知己志而敢言也。　⑤末：无也。言但知独善，自无难事矣。

卫灵公问陈[①]于孔子，孔子对曰："俎豆之事[②]，则尝闻之矣；军旅之事[③]，未之学也。"明日遂行。

---

①陈：去声，军阵行列之法。　②俎豆：礼器。谓学礼之事。　③万二千五百人为军，五百人为旅。

在陈绝粮[①]，从者病[②]，莫能兴[③]。

子路愠见曰："君子亦有穷乎？"子曰："君子固穷，小人穷斯滥矣[④]。"

---

①孔子去卫而行，至陈，陈蔡之人以兵围之七日，因绝粮。②病：饥困也。　③兴：起也。　④滥：放恣也，任意妄为也。

子曰："赐也，女以予为多学而识①之者与？"对曰："然。非与？"曰："非也，予一以贯之②。"

---

①识（zhì）：记也。　②一贯见前。夫子告子贡以此，所以正其平日但知博学之非也。

师冕见①。及阶，子曰："阶也！"及席，子曰："席也！"皆坐，子告之曰："某在斯！某在斯②！"

师冕出，子张问曰："与师言之道与③？"子曰："然，固相师④之道也。"

---

①师：乐师；冕，其人名也。乐师瞽者，故孔子因其未见，而随地告之如下。　②再言某在斯者，乃历告以在坐之人也。③问此与乐师言之道乎。　④相：助也。古者瞽必有相。

公山弗扰以费畔①。召，子欲往。

子路不说，曰："末之也已②，何必公山氏之之也。"

子曰："夫召我者，而岂徒哉③？如有用我者，吾其为东周乎④！"

①公山弗扰：季氏宰，与阳虎共执季桓子，据邑以叛。　②末：无也。言无处可往，则亦已耳。　③徒：空也。空召我而不用也。　④为东周：言兴周道于东方。

佛肸召①，子欲往。

子路曰："昔者由也，闻诸夫子曰：'亲于其身为不善者，君子不入也②。'佛肸以中牟畔，子之往也，如之何？"

子曰："然，有是言也。不曰坚乎？磨而不磷；不曰白乎？涅而不缁③。吾岂匏瓜也哉④，焉能系而不食⑤！"

①佛肸（bì xī）：肸，读入声，晋赵氏中牟宰。至是据邑叛赵氏而召孔子。　②不入：不相与也。　③磷：薄也。涅：染物。缁：黑色，言不善者不能浼己。　④匏瓜：瓠也。　⑤言不能如匏瓜之徒系而不可食。故有召我者，常欲应之也。

齐景公待①孔子曰："若季氏，则吾不能，以季、孟之间待之②！"曰："吾老矣，不能用也③。"孔子行④。

①待：待遇也。　②鲁国三卿，季氏为上卿，孟氏为下卿，以二者之间待之也。　③谓孔子讲王道，一时难见效，吾已老，不能用也。　④孔子闻景公言，知不能用己，故行。

齐人归女乐，季桓子受之，三日不朝①。孔子行。

---

①归：送也。季桓子：鲁大夫，名斯。鲁定公十四年，孔子为鲁司寇，摄行相事，三月而国大治，齐人惧，选乐舞之美女一班，送之于鲁，桓子悦之，与定公往观，三日不朝。

楚狂接舆①歌而过孔子曰："凤兮凤兮！何德之衰②！往者不可谏，来者犹可追。已而已而③！今之从政者殆而④！"

孔子下，欲与之言。趋而辟之⑤，不得与之言。

---

①接舆：楚人，佯狂避世。　②凤待圣君乃见，以讥孔子不能隐，故曰德衰。　③已：止也。而：语助辞。　④殆：危也。言今之出仕者甚危。　⑤辟：同"避"。

长沮、桀溺耦而耕①。孔子过之，使子路问津焉②。

长沮曰："夫执舆者③为谁？"子路曰："为孔丘。"曰："是鲁孔丘与？"曰："是也。"曰："是知津矣④！"

问于桀溺。桀溺曰："子为谁？"曰："为仲由。"曰："是鲁孔丘之徒与？"对曰："然。"曰："滔滔者天下皆是也，而谁以易之⑤？且而与其从辟人之士也，岂若从辟世之士哉⑥！"耰⑦而不辍。

子路行以告。夫子怃然⑧曰："鸟兽不可与同群，吾非斯人之徒与而谁与⑨？天下有道，丘不与易也⑩。"

---

①长沮、桀溺，两人名也。耦而耕：并耕也。 ②津：济渡处。 ③执舆：执辔也。 ④言孔子周游已久，自知津处，乃冷语也。 ⑤滔滔：流貌。谓天下一切皆恶，谁可变易之。⑥而：汝也。辟人之士：谓孔子，辟世之士，桀溺自谓。 ⑦耰（yōu）：撮土护所种也。 ⑧怃然：失意貌。 ⑨言吾不当与鸟兽同群，当与天下人同群。 ⑩言天下若有道，吾固无用变易矣。

子路从而后，遇丈人以杖荷蓧①。子路问曰："子见夫子乎？"丈人曰："四体不勤，五谷不分，孰为夫子②！"植其杖而芸③。子路拱而立④。

止⑤子路宿，杀鸡为黍而食之⑥，见⑦其二子焉。

明日，子路行以告。子曰："隐者也。"使子路反见之。至，则行矣⑧。

子路曰："不仕无义。长幼之节，不可废也；君臣之义，如之何其废之？欲洁其身而乱大伦。君子之仕也，行其义也。道之不行，已知之矣⑨。"

---

①丈人：老人也。蓧（diào）：竹器。 ②言不勤劳四体，不分植五谷，我知谁为汝夫子者。 ③植：立之也。芸：去草也。 ④知为隐者而敬之。 ⑤止：留也。 ⑥为黍：治饭也。食：读如饲。 ⑦见：读如现。 ⑧丈人行也。盖丈人恐

子路复来而避之。 ⑨丈人行，子路留言以语之。谓前见二子，是知长幼之节也，而如何废君臣之义，欲洁其身而乱大伦乎，君子所以仕者，非贪荣禄富贵，欲行大义故也，吾道不行，固已知之矣。

逸民①：伯夷、叔齐、虞仲②、夷逸、朱张③、柳下惠、少连④。

子曰："不降其志，不辱其身，伯夷、叔齐与！"

谓："柳下惠、少连，降志辱身矣，言中伦⑤，行中虑⑥，其斯而已矣。"

谓："虞仲、夷逸，隐居放言，身中清，废中权⑦。我则异于是，无可无不可⑧。"

---

①逸民者，节行超逸者也。 ②虞仲：泰伯弟仲雍也，泰伯让国季历而逃吴地，仲雍同行，二人为春秋吴国之祖。 ③夷逸、朱张，不见经传。 ④少连：东夷人。 ⑤中：去声。伦：义理之次第也。 ⑥虑：思虑也。 ⑦仲雍居吴，断发纹身，隐居独善，合乎道之清，放言自废，合乎道之权。 ⑧孟子曰："可以仕则仕，可以止则止，可久则久，可速则速，孔子也。"

卫公孙朝①问于子贡曰："仲尼焉学？"②

子贡曰："文武之道③，未坠于地，在人。贤者识其大者，不贤者识其小者④。莫不有文武之道焉。夫子焉不学，而亦何常师之有⑤！"

①公孙朝：卫大夫。　②言仲尼之学，何从学得。　③文武之道：谓文王、武王之谟训功烈，举凡周之礼乐文章皆是也。　④贤者不贤者，指人才识而言。　⑤言夫子何所不学，何必有常师。

叔孙武叔[①]语大夫于朝曰："子贡贤于仲尼。"

子服景伯以告子贡。

子贡曰："譬之宫墙，赐之墙也及肩，窥见室家之好。夫子之墙数仞[②]，不得其门而入，不见宗庙之美，百官之富[③]。得其门者或寡矣，夫子[④]之云，不亦宜乎！"

①武叔：鲁大夫，叔孙氏，名州仇。　②古制七尺或八尺曰"仞"。　③富：仪容之盛也。　④夫子：指武叔。

叔孙武叔毁仲尼。子贡曰："无以为也[①]！仲尼不可毁也。他人之贤者，丘陵也[②]，犹可逾也[③]；仲尼日月也，无得而逾焉。人虽欲自绝[④]，其何伤于日月乎？多见其不知量也[⑤]。"

①无以为：言无用毁也。　②丘陵：土阜也。　③逾：越也。　④自绝：自绝于人也。　⑤多：与"只"同，适也。量：分量也。

陈子禽谓子贡曰："子为恭也①，仲尼岂贤于子乎？"

子贡曰："君子一言以为知，一言以为不知，言不可不慎也②！夫子之不可及也，犹天之不可阶③而升也。夫子之得邦家者④，所谓'立之斯立⑤，道之斯行⑥，绥之斯来⑦，动之斯和⑧，其生也荣，其死也哀⑨。'如之何其可及也！"⑩

---

①为恭者，言为恭敬以尊崇其师也。　②言君子一言，其是者人皆以为知，非者人皆以为不知。此责子禽之不慎言也。　③阶：梯也。　④言使夫子而得用以为国。　⑤立：立人也。　⑥道：去声。行：奉行也。　⑦绥：安之也。　⑧动：谓以礼乐鼓动之。　⑨生时人人爱戴，甚为荣贵，死则皆哀思之。　⑩此节极言圣人之神化，人心皆向之也。